体育五千年

激情四射的体育舞台

赵 鑫 黄 岩 杨春辉 / 编著

吉林人民出版社

图书在版编目(CIP)数据

激情四射的体育舞台 / 赵鑫, 黄岩, 杨春辉编著
. -- 长春:吉林人民出版社, 2012.7
(体育五千年)
ISBN 978-7-206-09185-8

Ⅰ.①激… Ⅱ.①赵… ②黄… ③杨… Ⅲ.①体育运
动 - 普及读物 Ⅳ.①G819-49

中国版本图书馆CIP数据核字(2012)第 161394 号

激情四射的体育舞台

JIQINGSISHI DE TIYU WUTAI

编　著:赵　鑫　黄　岩　杨春辉
责任编辑:李沫薇　　　　　　　封面设计:七　洱
吉林人民出版社出版 发行(长春市人民大街7548号　邮政编码:130022)
印　　刷:永清县晔盛亚胶印有限公司
开　本:670mm×950mm　　　　　1/16
印　张:13　　　　　　　　字　数:150千字
标准书号:ISBN 978-7-206-09185-8
版　　次:2012年7月第1版　　　印　次:2023年6月第3次印刷
定　价:45.00元

如发现印装质量问题,影响阅读,请与出版社联系调换。

目录

CONTENTS

目录

CONTENTS

目录 CONTENTS

蹴鞠的前世今生

蹴鞠，亦称蹙鞠（见《湘素杂记》），更名蹴鞠（见《太平情话》）。战国时谓之蹋鞠（见《战国策》）。蹴，为踢，鞠，即皮球。蹴鞠起源很早，考古学家发现，在3000多年前殷代就已经有类似足球的游戏——蹴鞠舞。

战国时期，随着商业和手工业的发展，城市发展很快。战国前，城市规模都比较小，占地面积不到300丈，人口不过3000户。而战国时许多大城市，像赵国的邯郸、魏国的大梁、楚国的郢（yíng）、秦国的咸阳、齐国的临淄都成为相当繁华的城市，仅临淄一城居民就有70000多户，街上车水马龙，行人摩肩擦背。社会繁荣促进了文化体育娱乐活动的繁荣。当时居民除了喜欢音乐，经常演奏各种乐器外，许多人喜欢踢足球。有这样一个故事：一个姓项名处的人生了病，请齐国临淄名医仓公看病。仓公给他开了药后，告诉病人千万不要劳累，否则会吐血而死。可是项处踢球瘾难禁，实在控制不住，还是去踢球了，结果劳累过度，吐血身亡。可见当时有人爱踢球爱到不要命的地步。汉高祖刘邦的父亲是一个足球迷。刘邦打败西楚霸王项羽后当了皇帝，他的父亲也进了皇宫，可是让刘邦感到奇怪的是这位太上皇虽然吃着山珍海味，穿着绫罗绸缎，却成天闷闷不乐。一问才知道，这位刘太公喜欢斗鸡和蹴鞠，自进宫后踢不到球了，因而心中不快。刘邦于是仿照家乡改建一处旧地取名新丰，让其搬进新丰，于是刘公可以同一些故旧踢球了，精神面貌又焕发起来。整个汉代，蹴鞠一直是上层社会喜欢的活动。汉武帝不仅在俘虏中寻找蹴鞠高手，带回宫中表演，而且本人又爱看又爱踢。

汉代蹴鞠与战国相比有明显不同，蹴鞠不仅是一种人们所喜爱的娱乐活动，更是一种军队中广泛使用的军事训练手段。

据《史记》等书记载，霍去病远征西北匈奴时，因战线太长，给养不济，军队严重缺乏粮食，严重的影响军队士气。为鼓舞士兵的斗志，霍去病率先带领士兵开展蹴鞠活动，以振奋士气，增强斗志，霍去病所开展的蹴鞠是竞争激烈的足球比赛。所以刘向说"蹋鞠，兵势也，所以练武士，知有材也，皆因嬉戏而讲练之"，就是说通过娱乐竞赛而达到训练目的的一种运动。两汉时期还曾有规定：和平时期或军队闲暇时，要积极开展蹴鞠运动训练兵士，以保持其战斗力。"蹴鞠"技巧能踢出各种花样，从汉代画像石（砖）可以看到，这种蹴鞠运动可以说是同舞蹈结合的足球舞。另一种是在军队中开展的，按照一定规则在球场上进行对抗性比赛。这种比赛可以在宫苑中建造的"鞠城"中进行，也可以在野外比较简陋的球场进行。宫内足球场，四周有围墙，所以叫"鞠城"，在鞠城的两端有新月形的球门是"鞠室"，相当于今天足球场上的球门。汉代皇帝出游或国家举行大的庆典，都命人题诗作赋，许多活动都在诗赋中得到反映。东汉人李尤所作《鞠城铭》就对两汉时的蹴鞠运动有大略描述。赋云：

"圆鞠方墙，仿象阴阳，法月衡对，二六相当；建长立平，其例有常；不以亲疏，不有阿私，端心平意，莫怨其非，鞠政犹然，况乎执机。"

意思是说，蹴鞠器具为圆形的球，场地长方形，四周有墙，两只半月球门遥遥相对，比赛队员双方相当，裁判公正严明，比赛规则固定不变；队员态度要端正、心平气和，服从裁判。

宋代比赛就同今日足球赛相似。在球场东西各设一个门框，1丈多高，加以彩色雕绘。比赛将队员分两队，各队1人守门，卫士2人持小红旗唱筹，每进一球算得筹，卫士即在得筹方架上插上一面旗，得到了筹暂停。

秦汉以后蹴鞠在宫廷和民间广泛地开展起来。汉高祖、汉武帝、汉成帝、唐太宗、唐中宗、唐玄宗、宋神宗等皇帝都喜欢看蹴鞠，有的还亲自下场比赛，普通民众也爱蹴鞠成风。汉代就有"康庄驰逐、穷巷蹴鞠"的记载。唐杜甫《清明三首》有"十年蹴鞠将雏远，万里秋千习俗同"的诗句，《东京梦华录》也载"举目则千秋巧笑，触处则蹴鞠疏狂"。

古代足球风云

　　位于意大利中部大平原的佛罗伦萨城有着悠久的历史，它古色古香、恬静幽雅，艺术美同自然美水乳交融，相互辉映，魅力非凡，无怪乎有的文人给它起个诗意浓郁的译名——"翡冷翠"。站在城南米开朗琪罗广场高地举目眺望，佛罗伦萨四周青山环抱，美丽的阿尔诺河像一条玉带东西向横穿市区，古老、典雅、美丽而又充满少女般的风采。

　　作为现代化的城市，佛罗伦萨经济贸易、文化艺术相当繁荣，早在1世纪罗马共和时期，因其重要的地理位置，便已成为古罗马军事要塞，时称弗罗伦蒂亚。公元6世纪为哥特人占领，公元12世纪成为自治城市，14世纪，佛罗伦萨便成为欧洲最大的工商业与金融中心。时至今日，佛罗伦萨更是知名于世的经济、文化城市。然而令人奇怪的是，在这座现代化城市常常看到热闹非凡的古装足球赛，每年5月最后一个星期天和6月24日、6月28日，佛罗伦萨人民倾城出动，首先在震耳欲聋的鼓乐声中，欢乐的人们穿着16世纪各式各样的古典服装，沿着主要街道进行传统的节日球赛游行，然后人们汇集到比赛球场——桑地克罗广场进行激烈的足球赛。

　　足球赛开幕式十分隆重，先由身披彩带的市长致辞。足球赛奖品是一头肚子拖到地上的肥牛，这头肥牛在主席台上与市长并排而站。

　　参加比赛的球员们分成白、蓝、红、绿四队，代表着该市四个居民区，他们都是经过多次选拔的佼佼者，膀大腰圆、身强体壮。按照四种颜色各队分别穿着颜色不同的古典运动服，常常穿着薄薄的衬衫和灯笼一样肥大的裤子，具有鲜明的意大利传统服装的韵味。

球赛既像足球又像是橄榄球（在古代这两种球都有共同起源）。场地类似足球场，分两面系着球网，以进门球多少论输赢。但在比赛中球员可以抓着球跑向对方大门。对方马上迎上一个队员，可以朝着带球者推、绊、或者打摔对方，接着一大群队员向他扑来，持球人可采取各种方法将球传出转移，非持球方可以尽力用各种方法抢夺，这样就经常出现一片混乱局面。每进一球（踢进或持球抛进）极不容易，观众席上捧场者欢声雷动，从座位上跳起，又是摇旗，又是唱歌。更有的观众戴上古典人物假面具或化上妆为观众摇旗呐喊……

球赛一直到夜幕降临，华灯初放。全城人这时涌向阿诺河大街，彩色缤纷的烟火在蓝黑的天际燃烧、闪耀，无数星火在水面荡漾，人流隐约，出没水中，宛如海市蜃楼景况，分外迷人。有时古装足球赛和春季音乐节同时举行，更是盛况空前，使人们始终生活在欢乐的环境中，成为佛罗伦萨最为引人入胜的黄金季节。

值得特别提出的是佛罗伦萨古装足球赛的举行并非一年两年，到今天已经有400年历史，就像中国人过春节一样年年如此。人们不禁要问，佛罗伦萨古装足球赛最初是怎么兴起的？这就要说到460年前的一段历史故事：

佛罗伦萨是14世纪至16世纪文艺复兴运动的发源地，佛罗伦萨堪称文艺复兴时期绘画诗歌雕塑的摇篮。当时作为欧洲最大的经济中心和金融中心，资本主义萌芽在此最先出现。当时佛罗伦萨不但在文化艺术方面群星闪烁，而且体育运动也十分兴盛。经常进行城区间的足球赛。就在这一时期，也就是在1530年前后，西班牙在哥伦布发现新大陆后对外扩张，西欧和印度的一些国家成为了西班牙殖民地。有一天，佛罗伦萨城被外国军队包围了，并遭到猛烈进攻，城池危在旦夕，可是突然鼓乐声大作，全城鼎沸，沿着城内维尔季大街，涌上来一支望不到头的威武神奇的队伍。前面开路的是鼓手和旗手，接着是穿着古怪服装手执利剑的兵士，再后面是骑马行进手执长矛的"勇士"。铠甲、头盔、利剑、长矛寒光闪闪。正在指挥攻城的敌军统帅，以为援兵从天而降，慌忙命令撤退。敌军刚撤退不久，国王派的援兵就到了。这座历史名城免遭一次战争洗劫。

原来，这是佛罗伦萨，不顾敌人的威胁，在举行狂欢节前球赛开幕式的游行。并借此向敌人显示佛罗伦萨人是不可战胜的英雄气概。威武的战士是按传统节日装束起来的老人和小孩。

这件事已经过去了400多年了，佛罗伦萨人们为了铭记历史上光荣业绩，弘扬威武不屈的正义精神，这项古装球赛活动一直保持到今。

足球赛场烽烟起

1930年7月13日—7月30日，在人类体育史上这是一段不平凡的历史。一项使全世界不同阶层、不同种族、不同性别的人参与为之欢乐与悲伤的比赛在乌拉圭首都蒙得维的亚开始了，这就是首届世界杯足球赛，参加比赛的队伍来自13个国家。

第一次世界足球大战是在国际足联（FIFA）倡议与努力下，国际足联做出举办世界足球锦标赛的决议并得到了许多国家的响应，得到了会员国的支持，为第1届世界足球赛的成功举办创造了有利的条件。首届世界杯的举办并非一件容易的事，它是人类体育史上的一次挑战。因为整个欧洲正处在经济危机时期，比赛存在着方方面面的困难。所以它必须要有一个公正的比赛条件来维系，大家认可，才能获得成功。

首届世界杯所面临的最大问题是1930年席卷欧美的经济大萧条，经济危机所带来的压力是巨大的。正是在这种环境中产生的世界杯足球赛才有其强大的生命力。

当时第一个问题就是确定比赛地点。如果当时能在欧洲某个国家举行，那么第1届世界杯能隆重、热烈得多。可是乌拉圭人坚持要在自己的首都蒙得维的亚举行，世界足联没有充分理由否决，因为乌拉圭在当时连获两届奥运会足球冠军。他们是公认的足球强国，没有他们参加首届世界杯将大失水准。另外1930年正值乌拉圭独立100周年，这也是一个重要因素。这样FIFA就把比赛时间和地点定在1930年7月在乌拉圭首都蒙得维的亚。

到乌拉圭比赛对大多数欧洲队来说都存在着巨大的困难。由于当时的交通并不发达，加上经济危机，路途遥远，长时间的比赛需要足够的经费，无法解决。另外一个原因，抽出优秀的运动员长期脱离本国的比赛，影响到各俱乐部的收入，所以大多数优秀的欧洲国家队都没有参加，只有比利时、罗马尼亚、南斯拉夫、法国4个队参加。南美有阿根廷、巴西、乌拉圭、秘鲁、玻利维亚、智利、巴拉圭7个队。中北美有墨西哥和美国参加。总共有13个队参加首届世界杯赛。比赛把13个队分成四个小组，在小组中各队按循环制比赛，获得小组第一名的队有权进入半决赛，半决赛采用淘汰制。比赛为了做到公平合理，决定将欧洲四个队分开，南美"三强"乌拉圭、阿根廷、巴西也分开，其他各队采用抽签的方式分配到各小组。除第一小组是四个队外，其他三个小组都是三个队。第一小组：法国、阿根廷、智利、墨西哥。这一小组最精彩的比赛是法国同阿根廷的比赛。最后法国的一名队员受伤退场，场上成了11人对10人。阿根廷在多一人的情况下取得了最后的胜利进入半决赛。第二小组：南斯拉夫、巴西、玻利维亚。在这个小组中爆出了"冷门"。不引人注目的南斯拉夫队以2：1力克巴西，又以4：0大胜玻利维亚，获得小组出线。这也是唯一走进半决赛的欧洲队。第三小组：罗马尼亚、乌拉圭、秘鲁，和事先预料的一样，两次奥运会足球赛冠军——乌拉圭队很容易的取得了胜利。第四小组：比利时、美国、巴拉圭。美国队以同样的比分3：0轻松地击败对手获得第一名。因为美国两年前奥运会上以2：11的比分被淘汰。为什么两年之间有这么大的进步？原来美国进口了原装的英国队。最后美国、阿根廷、南斯拉夫、乌拉圭杀入了四强。

决赛在乌拉圭与阿根廷之间展开。决赛当天，旅行到蒙得维的亚的阿根廷观众，高呼"胜利或死亡"的口号，蜂拥而至。为了确保比赛安全进行，乌拉圭警方对10万观众逐个检查，防止带武器。

决赛在蒙得维的亚10万激动的观众面前展开，两个队都有高水平的表演，占着天时、地利、人和的有利条件的乌拉圭队开场踢得并不理想，阿根廷人积极进取，掌握了比赛的主动权，整个上半时形势对阿根廷人有利。可是下半时情况发生了变化，乌拉圭人进入了状态，发挥出了应有的水平，取得了令人信服的胜利，最后的结果是4：2。

两年前的奥运会上，乌拉圭以2：1胜阿根廷，当时人们对乌拉圭的优势产生怀疑，现在这种怀疑消除了。可是阿根廷人并不服气，比赛后阿根廷和乌拉圭之间通过报纸等形式开展了激烈的论战，后来发展到无情的对骂。

比赛结束的当天乌拉圭政府立即宣布此日为法定假日。乌拉圭全国上下一片欢腾，而布宜诺斯艾利斯则是一片混乱。两个国家此后曾有几年的时间中断了彼此的体育外交关系。

首届世界杯结束了。南美大陆东部的一个以畜牧为主的小国获得了首届世界杯的冠军。乌拉圭队队长第一次领取了"金质女神奖杯"，并率领全队在观众的欢呼声中绕场一周。

首届世界杯对业余球队和职业球队同时开放。实现了世界这一经典创造的还有两个重要的人，他是法国人于勤·雷米特。他与法国人亨利·德罗纳伊的共同游说，四处奔走，最后在阿姆斯特丹奥运会上得到了人们的支持。

第1届世界杯的奖杯是纯金的，是由法国雕塑家阿贝尔·弗莱尔设计制作的。形状是带翅膀的胜利女神。这在那个时代名目繁多的奖杯中相比之下具有相当的艺术品位。

"足球先生"与"足球绅士"

1993年2月24日，是英国足坛又一最为悲痛的日子，有"足球绅士"之称，曾于1966年率领英格兰足球队夺得世界冠军的博比·摩尔与世长辞了，终年51岁。

第二天，英国《每日镜报》在头版位置刊登了摩尔逝世的消息和照片，立刻震动英伦三岛，各地球员、球迷和体育组织纷纷发来唁电，在表示深切哀悼的同时，高度褒扬了这位英国人心目中的英雄。

国际足协发言人杜诺尼代表组织评论道："在国际足协的眼中，摩尔是足球历史上的一位球星。他受到了足球界的热爱，是一位典型的英格兰绅士。"球王贝利说："世界失去了一个最伟大的足球运动员和一位良好的绅士。"葡萄牙著名球星，有"黑豹"之称的尤塞比奥则说："作为一个伟大的球星，他永远都是所有男女运动员的榜样。"而英格兰领队拉姆西爵士则永远失去了一个好伙伴。

球迷对于摩尔的死更是痛心疾首。一位来自英国埃塞克斯郡名叫岱夫·史密斯的球迷一语道出了英国对摩尔病逝后的真实感受，他站在西哈姆球会门外流着眼泪说："就像自己的亲人去世那样……"

博比·摩尔于1941年4月12日出生于英国埃塞克斯郡巴金市。父亲是一名电器技工，同时也是足球"发烧友"，并担任巴金市足球队的一名职员。摩尔刚出世不久，老摩尔便带还不会说话和走路的小摩尔四处比赛。在耳濡目染下，摩尔养成了对足球深厚的感情。

和其他一些伟大的足球运动员一样，摩尔的童年，除了背书包上学以外，空余时间便是与伙伴在街边空地玩球，由于他肥胖，伙伴们都叫他"肥仔摩尔"。1950年，摩尔9岁就代表他所在的学校出赛，由于他球技出众，责任心强，很快便当了队长。但摩尔的愿望是：有朝一日当上职业球员，代表英国出赛。

自古英雄出少年。这一时期的摩尔在绿茵场上表现出的特有果敢，早就被同伴乃至体育老师所津津乐道，加之技术日臻成熟，也被一些职业队所追逐。1957年，摩尔被西哈姆联队看中并纳为新丁，从此，摩尔的绿茵生涯正式开始。1958年，17岁的摩尔得以代表西哈姆联队出战曼彻斯特联队，双方打得如火如荼，摩尔锋芒毕露。随着摩尔参赛次数的增加以及不断有出色的表现，不久便被召入英格兰国家队。1962年，摩尔代表英格兰与秘鲁交锋。虽然是"新手"，但场上表现非常冷静，而且优雅的踢法下隐藏着致命的"杀机"，特别是他的长传更常令对手全身直冒冷汗。

摩尔的统帅才能是被阿夫尔·拉姆西爵士发现的。拉姆西在1962年的那场英格兰对秘鲁的角逐中，深深地为摩尔控制全场球员情绪的能力所折服。1963年，拉姆西当上了英格兰国家队经理人后不久即推摩尔为队长，他的打算是：英格兰在摩尔的带领下，应该可以拿下一届世界杯冠军。

1964年，摩尔开始了他足球生涯中最伟大的历程。先是在文布利举行的足协杯决赛中，协助西哈姆联队击败普雷斯顿而披甲。第二年，也是在文布利球场，西哈姆又在摩尔的率领下，一路过关斩将，打进决赛，最后挫败慕尼黑1860队而摘取了欧洲杯的桂冠。

1966年，第8届世界杯在英国举行，摩尔率领众将顺利杀入决赛，7月30日，又是在文布利球场与当时的欧洲足球王国——德国争杯。

比赛一开始，德国一刻也不忘表现其日耳曼民族的强悍，频频向英格兰大门发动进攻，怎奈当时的英格兰强将如云，德国虽先有建树，但不久又被扳平，直至终场，双方还是平分秋色。加时赛中，德国队的不耐烦，给英格兰制造了诸多良机，摩尔的两次长传终使德国饮恨沙场，英格兰以4∶2捧杯。当摩尔跑上第39级台阶，小心翼翼地抹去手上的泥土，从女王手中接过奖杯时，全英震动，一代足球英雄就此产生。

1970年第9届世界杯在墨西哥举行，摩尔再次以队长身份率部作战，又一次跻进决赛圈（共16个队），再度遇上死敌德国。下半场25分钟，英格兰以2∶0领先，形势看好。但是就是在最后的20分钟里，善于算计的日耳曼人创造了奇迹，终场竟以3∶2胜出，英格兰队目瞪口呆，作为队长的摩尔更是痛苦万分。这次惨败标志着摩尔的足球事业开始走下坡路。然而，不可否认的是摩尔作为队长带领英格兰在90场拼搏中，战果是辉煌的——胜57场，平20场，仅仅输掉13场。1973年，摩尔在深深的自责中脱离国家队，第二年加入富勒姆队，同年，国家队将他召回进军德国（第10届世界杯），尽管摩尔已使出浑身解数，但当时的英格兰已江河日下，摩尔孤身难以挽回败局，终在外围惨遭淘汰。此时，摩尔已真正意识到：他太老了！

1975年，摩尔所在的富勒姆队与西哈姆队争夺文布利杯，又吃败绩，为此摩尔转向美国发展，加入宇宙队，但美国佬对足球远非英格兰狂热，摩尔未能再创高峰。其间，他为了排除阴郁，曾一度涉足好莱坞，与球王贝利、影星史泰龙等一起合演了《胜利大逃亡》。1977年5月，摩尔告老退休。

退休后的摩尔对足球的热情并未减低，他先后参加了两个足球俱乐部的管理工作，担任一些体育报社的记者，还在电台做过足球评论员。此外，竞争激烈的商界也留下了他的足迹。

1981年，香港东方队斥资护军，摩尔应邀前来助阵，风光一时。1982—1983年，他二度抵香港，充任东方队教练，给香港球迷带来了无限的明星风采。

博比·摩尔结过两次婚。第一次是在1962年，妻子蒂娜·迪安当初因摩尔忙于训练，无暇照顾家庭曾发过牢骚，但摩尔对她及孩子不灭的爱心令她感动了十几年。然而，摩尔的沉静和蒂娜的豪爽，终难避免纠纷，他们于1986年分手。同年，摩尔曾因心脏病发作而晕倒，从此身体每况愈下。

在一次偶然的机会里，摩尔在飞机上认识英航空姐史蒂芬妮·帕尔雷恩。英雄和美女互相倾慕，旋即坠入爱河。其时已是1991年，而摩尔早知他已患上肠癌，除了亲友之外，对外界只字不漏。到了4月份，摩尔病情恶化，不得不住院做结肠手术。尽管摩尔病魔缠身，但史蒂芬妮并不嫌弃，于同年12月共结连理。

在后来的一年多时间里，摩尔继续做他的记者、足球评论员等工作，不遗余力地宣传他一生所热爱的事业——足球。

1993年2月，摩尔再次入院检查，结果发现肝脏也已受感染生癌，鉴于人们对他健康状况的无限关心，他终于在2月14日对外宣布了病情，并且豪迈地说："我要打一场必胜的战役。"

2月19日，摩尔还为伦敦一家电台在文布利球场评论英格兰对圣马力诺的一场世界杯外围赛。

2月24日驰骋绿茵场的一代英雄终于不敌癌症在家中去世。临终前，前妻的两个孩子（一男一女）以及他与史蒂芬妮生的婴儿都聚集在他的床前。这给了他无限的安慰。

摩尔死后，他效力15年的西哈姆球会为了纪念他，每次赛前都挂起他的6号球衣，以供凭吊。此外，有关方面已着手计划在文布利球场举行一场英格兰对由摩尔同期著名球星组成的队伍的表演赛，以表示对这位伟大球员的深深怀念。

摩尔虽然去了，但他勇敢坚持、全力以赴的拼搏精神，永远烙印在球迷的心中，对于世界足坛来说，他永远是一位足球绅士。

桑巴风情话足球

"要是有一样东西会动，踢它一脚；要是不会动，也给它一脚踢动它；要是东西太大踢不动，拿它换小的来再踢"。这是巴西流行的一句谚语。巴西的小孩会站立时不是先学走，而是先学踢，踢是巴西人的癖好。

在巴西，无论在城市或是乡村，无论是在运动场还是在街头巷尾，到处都有足球场地。小孩子通常是上午上课，下午踢球，7—15岁孩子80%踢球，整个巴西就是个足球天地。巴西共有9000多万人口，却有5400多个足球俱乐部，4000多个足球场，12000名职业足球运动员，100多万业余足球运动员。

在世界足坛上巴西人确实身手不凡。他们的17岁以下青年队是世界冠军；20岁以下青年队在世界上名列第二；23岁以下青年队是奥运会铜牌得主，而他们的成年人队则在世界杯赛上三次捧杯。巴西足球在各个年龄段上普遍丰收的景象是世界体育发展史上罕见的。

号称当今"世界第一运动"的足球，从诞生日起就以其特有的魅力吸引着全球每一个角落的足球爱好者，任何一项运动都不能像足球那样把国家、民族、个人荣辱与一场比赛的胜负联系起来。足球是一项十分古老的运动，但对巴西来说，迄今足球运动发展历史也只有百年。1894年，一个巴西青年从英国带来两个足球和一份足球规则，这就是巴西足球史的开端。也就是这年5月，巴西诞生了第一个足球俱乐部——圣保罗俱乐部足球部，从此，足球运动便在幅员辽阔的大国生根发芽。1914年，巴西足协成立，并以里约热内卢和圣保罗州球员组成第一支国家队。1919年，巴西夺得南美地区足球冠军，雄踞大洋彼岸。1930年巴西参加了第1届世界足球锦标赛。此后，巴西足球逐步走向职业化。1933年，在里约热内卢出现了第一支职业足球队。第二次世界大战爆发后，世界性足球活动中断多年，而巴西远离战场，足球运动盛行不衰。战后，里约热内卢建造了当时世界上最大的"马拉卡那"运动场，可容纳20万观众。巴西足球的黄金时代始于1958年，随着以球王贝利为代表的一代天才球星的崛起，巴西的足球训练理论和实践，有了新的突破，他们否定了占领世界足坛30年的"WM式"战术，而采用了"四·二·四"战术。完成了足球战术史上的一次革命，对世界足球运动发展起了一定作用。巴西队也因而雄风盖世，获1958年、1962年、1970年三次冠军，作为第一支三次夺冠队将雷米特杯永久地留在巴西。而此时期肩负巴西足协大任的正是曾任国际足联主席的阿维兰热。最先进的战术、最优秀的球员、最完善的管理，使这时期的巴西足球风采万千。

传统的巴西风格讲究个人盘带、小范围的传切配合，讲究球星个人的临场发挥，这种风格曾为巴西赢得了荣誉。

在三捧雷米特杯后，随着贝利等名将退役，巴西队曾一度衰退。尽管桑塔纳在1980年出任国家队教练后提出"只有进攻才是最好的防守"，志在重建巴西的"艺术足球"；尽管由济科、苏格拉底、塞雷佐、法尔考4人构成中场"黄金组合"，让人再次感受到桑巴舞的无穷魅力。但1970年后的20年，无论巴西人将这种风格演绎的多么传神、多么淋漓尽致，但他们再没成功过，因为现代足球更强调防守高于一切。

1990年，拉扎罗尼开始了改革尝试，他力图将巴西的技术与欧洲的战术结合起来。但要使二者融合，必须对二者改革。但改革需要时间……

拉扎罗尼的后继者佩雷拉是位欧洲足球信奉者，他使1994年第15届世界杯上的巴西队拥有坚固的后防线和严谨的中场线，仅将艺术足球的风景线保留在前锋线上，凭着巴西原有的深厚技术功底，巴西人再次捧走雷米特杯。

　　现今巴西主教练，沿着"欧美合璧道路"方向发展，注重控制比赛节奏，不限制个人盘带，但盘带或传切，都必须能在高速和紧逼的前提下高质量完成。同时也还要发扬艺术足球的风格，在踢球时要如水银泻地般流畅、行云流水般舒展，要给人以赏心悦目美的享受，甚至踢球的失误也是一种美。

　　巴西足球也有衰退，更有挫折、悲壮失败的时候，1998年世界杯赛，在夺冠决赛时以0∶3输给法国队，与冠军无缘，但巴西队一直是世界强队之一。巴西足球运动水平为何这样高？这个原因值得我们找一找。

　　在足球之国里，足球明星层出不穷，而且足球英雄出少年。足球明星贝利12岁时进青年队，16岁时被选入国家队。在巴西有完善的培养青少年和选拔体制，几乎不会漏掉一名有潜力的球员。在巴西，从9岁至12岁以下青年队的培养新的制度都十分注重。俱乐部开办足球学院，优秀的青少年都可以到学院培训，然后到更有竞争力的俱乐部去参赛，而不必为学校踢球，而且规定学员一个赛季的参赛场数限制在30次以下。巴西有众多高水平职业足球俱乐部，以及职业和业余队之间的甲乙丙级联赛制度，使巴西足球市场生龙活虎。球市的活跃、巨额的门票收入和企业老板经济赞助，支持着巴西职业足球，使巴西足球人才辈出。高水平球员不断涌现，为巴西组建国家队提供了得天独厚的选拔条件，甚至人才源源不断涌向国外的俱乐部。据巴西足协统计，1990年以来，巴西先后已有1907名职业球员出国踢球。仅1996年一年就有381名职业球员奔赴48个国家。一些在巴西不为人知的"小球星"，一到国外便如鱼得水，一展才华，直到有人最后成为熠熠闪光的大球星。因此，巴西也由此美名为"球星工厂"。

　　世界上许多国家开始学习巴西培养青少年足球新秀的成功经验。英格兰足球技术主任威尔金森举办了一次研讨会。讨论创办俱乐部学院建立一套系统培养青年球员计划和设想。他认为，这些设想的实施将会给英格兰足球创造一个无比美好的未来。他说要建立一个"足球工厂"，其最终产品就是像巴西萨赖瓦这样的优秀球员。

球王贝利与邮票的故事

在世界体育史上有一枚十分珍贵的体育邮票。这枚邮票演示一位运动员腾空射门情景，只见运动员剪影，看不见面孔，然而邮票上运动员黄色球衣醒目地有个"10"字，票面上清晰写着"1000"字样。

这枚邮票不仅是一枚明星邮票，因设计独特而闻名，而且还因相隔球赛不到10天，就设计发行了这枚邮票而驰名于世。

那么这位运动员是谁呢？又为何出现"1000"字样？

1969年11月19日，巴西球王贝利在里约热内卢的马加纳体育场进行一场球赛。这时的贝利已踢进999只球，赛前他同记者说：希望能尽早了却进球1000的心愿。这天8万观众冒雨观战。贝利不负众望一记劲射，球应声入网。这样，进球1000的特大记录终于问世。这一瞬间，巴西所有教堂钟声齐鸣，球场中，球员们不分敌我，高高抬起贝利。狂热的球迷兴奋到极点，竟把蜚声全球的"10"号球衣撕个粉碎，给他换上了一件印有1000字样的新球衣。庆贺的热潮到第二天仍未减弱。巴西总统在首都巴西利亚授予贝利巴西最高荣誉奖章"利奥布朗哥勋章"。

相隔不到10天，即11月28日，纪念进球"1000"的邮票发行。球王贝利终于上了邮票，当时贝利才29岁。

贝利一生中参加的1364场比赛中共踢进1282个球。他是巴西国家队3次夺得世界冠军的头号功臣，有"黑珍珠"和"球王"之称。1981年，贝利被世界上20家报纸选为"本世纪体育冠军"，评选结果是第1名贝利（足球）得178分；第2名欧文斯（田径）得169分；第3名默可斯（自行车）

得99分。球王贝利得分最高，可见他的威望之高，影响之大。

对巴西人来说，贝利在整个巴西是家喻户晓，老幼皆知的。

提起贝利球艺，那可真叫高明。请看他一次精彩进球：1961年夏季的一个晚上，贝利所在桑托斯队与本国弗鲁米恩塞队比赛。桑托斯队的攻势像汹涌的潮水一般，一浪接一浪地向弗鲁米恩塞的大门卷去。突然，贝利接到同伴传球后，他左盘右盘，用假动作一连晃过了对方3名防守队员。当对方第4名队员上来抢截时，贝利巧妙地把球一捅，球恰好从对方的两脚间通过，重新又控制在他脚下。接着他把球向上一挑，又过了第5名对手。不料第6名对手又冲上来了，贝利手疾眼快，只见他把身子一晃，把球轻轻向左一拨，骗过对方，这时第7个对手又冲过来，并飞身凶猛地朝他脚下铲去，贝利像跳芭蕾舞那样轻松而迅速地带球向球门冲去，并使对方第8、第9个上来抢球的后卫扑了空。这时贝利已把球带到禁区，成了与守门员一对一的有利局面。守门员着了慌，飞身前来扑救，贝利先准备起脚射门，哪知他这是虚晃一招，把准备射门的右脚又赶紧收住而将球向上一挑，盘过了守门员。等守门员回头看时，球已滚到网窝里。贝利这一精彩进球，后来一直被公认为足球史上最精彩进球。

贝利在世界上享有极高声誉，是当代所有其他国家运动员望尘莫及的。当代100多个国家元首和有名望的政治家都接见过他。如美国总统尼克松、英国女王、瑞典国王、非洲国家元首等。他的10号球衣、球鞋、球袜都是球迷们不可多得的珍品。印制他凌空射门的那枚邮票更是体育邮票中的珍品。

贝利上述这些至高无上的荣誉的获得，有人说一靠他的光耀夺目的精湛的球艺，二靠他高尚的"体育精神和作风"。说起他的球德，贯穿于整个足球生涯。过去好多人问他："你认为自己最好的进球是什么？"贝利毫不迟疑地说："那当然是下一次。"表现了他永不满足的进取精神。

因为贝利是足球巨星，所以每次比赛中他都成了众矢之的。不仅严加防守他，还有个别的球员可能故意踢他。此时此刻，具有高超球艺的贝利，却未有半点报复、出气念头，反而暗下决心要多进球，表现出他宽宏大度、海阔天空的英雄本色。

一次他射球进门，对方守门员挥泪离场而去。他立刻意识到，这可能是伤了对方自尊心，让他出了洋相，心中极为内疚。赛后，他主动找到了这位守门员，向他赔礼道歉，并说："这是我在这场比赛中唯一感到遗憾的事！"自己进了球，反倒"感到遗憾"，这表现了他友谊重于比赛和谦逊大度的高尚情操。

在长期的足球训练比赛中，他深刻感受到足球运动首先是一种社会文化。做个优秀足球运动员首先必须做个有文化素养的人。于是他暗暗下决心要上大学。要上大学首先要有中学和大学预科的毕业证书，然后再通过大学入学联考合格才行。作为运动员的贝利连中学还没毕业，要进大学，可真是天大的难事。然而贝利这条硬汉对任何事只要下决心，就绝不会再改变主意，于是他搬进附近一个农场住了下来，专心学习补课，经过一年苦读，他顺利通过预科考试。紧接着就准备高考。又经过2年学习，又顺利通过大学入学考试，他终于被录取了。

1972年，贝利进入巴西体育学院学习。课程有理论又有术科，还安排许多人文学科。贝利说："在球场上我是员猛将，在文化上是个小学生。"他苦读后终于于1975年毕业。贝利在学校中学到的文化科学知识，为他后来的教学训练、写作、演讲以及成为一个球评家打下了坚实的基础。1999年10月，中国香港报刊连续用十周时间投票推选世界世纪十大体育巨人，贝利名列第一位，排在李宁、乔丹、塞纳之前，可见贝利已成为全球最知名的明星。1999年10月年逾60岁高龄的贝利，尚在积极锻炼身体。他表示要在不久重返足球场进行一场别开生面的表演赛，充分显示他旺盛的生命力。

舞起足球探戈的马拉多纳

"小贝利"，就是马拉多纳，究竟是怎么叫起来的，这里边还有一段故事！

1979年，第2届世界青年足球锦标赛在日本举行时，阿根廷青年队中一个小个子运动员（身高约1.65米左右），他跑动速度奇快，带球熟练，射门时能两脚左右开弓，十分引人注目。阿根廷与苏联争夺冠军的一场比赛，那可真叫精彩！离比赛结束只有10分钟了，双方比分为1：1，这时，阿根廷队的那个小个子中场接得同伴的传球，只见他三晃两晃，带球连过好几个人，一直冲到了对方禁区，对方几个队员蜂拥上来堵抢，他拔腿就一脚，球竟从人缝中钻进了网底。这一球非同小可，它决定了阿根廷夺取冠军的命运。那个小个子运动员，就是马拉多纳。大赛结束后，他被评为最佳队员。一时间，在日本掀起"马拉多纳"旋风。智利有个名叫塞·安东尼奥的评论员评论道："没有比马拉多纳更像贝利的了。"从此以后，马拉多纳——"小贝利"的名字就传遍了全世界。

在这之后，马拉多纳再接再厉，在第二年又取得了辉煌的战绩，被评为美洲最佳队员。这一年，国外的一些俱乐部纷纷标出高价，聘请马拉多纳去踢球。西班牙的巴塞罗那俱乐部甚至愿出900万美元买他（合同期限为三年）。据说，世界球王贝利从巴西去美国宇宙队的转会费也只有600万美元。可见马拉多纳的名声之大和身价之高。

马拉多纳于1960年10月30日出生在布宜诺斯艾利斯的一个工人家庭里。兄妹八个，他排行老五。全家靠父亲一人的薪金过活，生活困苦。马拉多纳性格开朗，活泼好动。他从第一天会走路起，就喜欢踢小皮球。3岁时，父亲硬是咬着牙给他买了一个小足球。白天，他一玩起来就没个够；晚上，他便抱着球睡觉。五六岁时，他已是一个淘气的小球迷了。9岁时，他颠球技术已经滚瓜烂熟，球在他身上，像是要杂技似的。他还掌握了传、接、盘和顶球等技术动作，每当成人比赛在中场休息时，他就跟小伙伴们进场表演各种技术动作。马拉多纳的表演最招人喜爱，他反应敏捷，动作标准、漂亮、协调、自然。每当他表演完毕，比赛双方的队员上场时总要亲昵地抚摸一下他的小脑袋。

马拉多纳13岁那年，被吸收到了当地的一个叫"小洋葱"的少年足球队。打那以后，他练得更刻苦了，他决心要成为这个队里的球星。他在练习中不仅能吃苦，而且肯动脑，常常向教练问这问那。一天，时间已经很晚了，就是不见马拉多纳回来，大家四处寻找，才知他是进行基本功和力量练习去了。果然，这个"有心人"成了队里的主力。他在这个队呆了两年多，为"小洋葱"队打了140场比赛，场场保持不败。马拉多纳15岁，被选进了"青年阿根廷人"足球队。

也许巧合，大约每隔20年，世界足坛上便要出现一位盖世英雄。1970年世界杯大赛，巴西小伙子贝利以他超凡的技艺把足球艺术推向了顶峰。16年过去了，世界杯足球又经历了4次大赛。当第13届世界杯足球决赛终场的哨声一响，几乎全世界都在欢呼："世界出了一个新球王！"——马拉多纳。这位从悲剧中走出来的神奇小子，以他火车头般的凶猛，百折不挠般的顽强，魔术般的球技，使人们看到了当年贝利的影子。人们公认，16年前在这里登上了球王宝座的贝利有了第一个王位继承人。当马拉多纳从墨西哥总统德拉马德里手里接过金光闪闪的国际足联世界杯时，泪水夺眶而出。在这伟大的时刻，最令马拉多纳激动的，恐怕就是：他——一个贫民窟里的穷孩子居然一步登天，成为一个全世界震惊的球王！"小洋葱"队创造了140场不败的纪录，马拉多纳也因此成为闻名全国的小明星。这个出身卑下、性格懦弱、只会用足球表达思想、满脸稚气的年轻人开始在报上读到自己的名字，也开始憧憬自己在足坛上的美妙的未来了。由于他球技出众，不到一年，他又被当时统率国家队的麦诺蒂教练一眼看中，选进了阿根廷国家足球队。全家人非常高兴，特地为他举行了一次家庭庆祝会，然而马拉多纳情绪并不很高，他郑重其事地向家里人解释道："请原谅，因为我还没有任何像样的荣誉。"马拉多纳17岁那年，作为国家队的正式队员参加了对欧洲劲旅匈牙利的比赛。尽管他是第一次代表国家踢球，可是他在场上发挥得淋漓尽致。在几万名阿根廷观众面前显露了他卓越的足球天赋和才能，博得了好评。比赛结果，阿队以5：1大胜匈牙利。马拉多纳在比赛中崭露头角，战功显赫。当家里人向他祝贺时，他露出了笑容。贫民窟里的少年终于走进了国际足球的大舞台。

当马拉多纳进入17岁时，他做了一个好梦，当时正当值第11届世界杯足球赛在阿根廷举行。大赛开场前，马拉多纳被选进了国家队，是当时世界杯赛中年纪最轻的队员。马拉多纳欣喜异常，以为自己真正的出头之日到了。可惜好梦不长，在临赛前夕，由于麦诺蒂教练心怀疑虑，他认为马拉多纳年纪尚轻，又临时把他的名字从国家队中除掉了。这使马拉多纳失去一次重要的参加世界大赛的机会。事后，他十分懊丧地说：

"这是我一生中最大的遗憾。"

然而，紧跟着遗憾而来的是成功。第11届世界杯结束后的第一年，马拉多纳迎来了他人生道路上的一个重大的成功，这个成功是他以19岁的年纪，挤进了世界最著名球星的行列。

马拉多纳虽有"小贝利"之名，但在真正的世界大赛中，却始终没有名副其实的表现，而且在他真正成为贝利之前，等待他的却是诸多的磨难。1982年，马拉多纳朝思暮想的第12届足球大赛终于开幕了。赛前，国际新闻界给这位身高只有1.65米、但却极其粗壮的阿根廷"小贝利"戴上了"超级球星""世界头号"等诸项桂冠。就连贝利本人也看好阿根廷队将会蝉联冠军，马拉多纳将不负众望，亦会有上佳的表演。可是比赛结果完全出人意料，阿根廷队以马拉多纳为核心的战术失灵，踢得一塌糊涂，在预赛中即将被淘汰。几场比赛，马拉多纳在对手们的专门看管下，非但没有施展出真功夫，还被亮了几次牌子，其中最为严重的是因踢了巴西队员一脚，被赶出了赛场，被称为是那届杯赛中最令人失望的球星。许多人批评马拉多纳风头主义严重，只顾自己进球忘记了整体，道德修养太差；还有人说马拉多纳是花拳绣腿，中看不中用；更有人宣称马拉多纳是麦诺蒂吹出来的，根本没那么神……

令人惊异的是，尽管如此，第12届世界杯足球大赛结束以后，马拉多纳仍如约加盟西班牙巴塞罗那俱乐部队。由于转让协定是在世界杯赛前签订的，马拉多纳的"倒灶"并没有影响协议的执行。因此，有人说他是赛场的失败者，但是在金钱收入方面，他却是个"成功者"。

他原来所在的"青年阿根廷人"队是一支穷得叮当响的球队，有人戏谑它是除了马拉多纳外便一无所有，后来它已无法支付马拉多纳日益增长的费用。1980年5月，巴塞罗那俱乐部队老板努涅斯认定马拉多纳日后定有大作为，是能为俱乐部捞钱的"大头"，遂把握住时机，愿出900万美元收购马拉多纳。马拉多纳本人也深知这是有史以来最大的一桩球员买卖的价值，一口应允。5月3日，协议草签。谁知转让马拉多纳的消息一经传出，阿根廷全国大哗。此时的马拉多纳已经成为阿根廷的足球灵魂，一场声势浩大的挽留马拉多纳运动在全国展开，"国宝不能转让"这种自发的群众运动一直持续两个多月，在国内强大的社会舆论的压力下，再加上阿根廷全国足协决定拿出150万美元资助阿根廷青年足球俱乐部，作为付给马拉多纳的工资，马拉多纳才下定决心，第12届杯赛前，不接受外国招聘。至此，这场马拉多纳风波才平息了下来。

阿根廷队在第12届世界杯赛踢得一塌糊涂，国内怨声四起，麦诺蒂教练也因此丢掉了国家队教练的职务。而马拉多纳则远赴西班牙，受到了近乎狂热的欢迎，马拉多纳并没有忘记他那失了业的恩师。几经波折，麦诺蒂挤走了巴塞罗那队的联邦德国籍教头拉带克，师徒二人一本正经地为巴塞罗那俱乐部踢起球来。

巴塞罗那俱乐部主席努涅斯收购马拉多纳的本意是想利用外力为本俱乐部拿下几项冠军，但事与愿违。马拉多纳一到西班牙便运气不佳，还没踢几场球就得了肝炎，入院治疗了三个月。1983年9月25日，在西班牙毕尔巴鄂队后卫，外号"屠夫"的盖科查一记猛踢后，马拉多纳左脚韧带又被严重踢裂，脚踝骨亦受重创。这一踢使马拉多纳又是三个月无法登场。在此之前，也是这个"屠夫"曾使德国籍球星舒斯特膝盖破裂入院手术达三个月之久。但这几次严重的犯规并未使盖科查受到严惩。马拉多纳愤怒地指出：这无疑助长了那些靠粗野踢法取胜的人的气焰。西班牙人为跻身于欧洲足球强国的宝塔尖上，竟然放弃发展球技正道，把取胜的希望寄托在粗暴地杀伤战术这条捷径上。马拉多纳同时指责裁判不公。

在马拉多纳受伤之前，行家们一致认为巴塞罗那队是1984年西班牙联赛冠军的得主。巴塞罗那这家世界最富有的足球俱乐部，20年来一直希望夺得这项桂冠。马拉多纳脚伤太重无法登场，使该队夺标成了泡影。决赛阶段，虽然伤愈的马拉多纳拼尽了全力，也未能挽回败局，眼巴巴地看着冠军杯被老对头毕尔巴鄂队捧走。1985年5月，巴塞罗那队与毕尔巴鄂队狭路相逢，争夺国王杯。对方身高马大，拼抢凶猛，马拉多纳在对方两名"护卫"的专门关照下，无法施展真功夫，结果比赛又输掉了。比赛后，气头上的马拉多纳与对方发生争执，双方大打出手，裁判又将事端的起因归咎于马拉多纳，并罚他三个月不得参赛。巴塞罗那足球俱乐部的董事们绝望了。一直抱怨在西班牙无法发挥自己球技的马拉多纳，也深感待在西班牙已无多大的意义，于是这位当代身价最高的球星被意大利那不勒斯俱乐部趁机以750万美元买到意大利踢球去了。

马拉多纳要加入那不勒斯队的消息迅速传开。那不勒斯市民们欣喜异常，奔走相告。这也难怪，马拉多纳本来是意大利一位移民的后裔。在他到来的几天前，那不勒斯便披上了节日的盛装，大街小巷张灯结彩，恭候马拉多纳"驾到"。这一天终于来到了。当马拉多纳的座机一降落，他立即被请进了一架早已停放在机场上的直升飞机，径直飞向欢迎他的体育场。体育场内外，几十万群众翘首以待。马拉多纳一洗在西班牙赛场上的颓态，满面春风，大步走出飞机舱门，全场顿时欢声雷动，上千只鸽子腾空而起，人们呼喊马拉多纳的名字……这场景，不仅马拉多纳没见过，连国家元首也不一定能碰得上。马拉多纳立即意识到自己这一步走对了。事实正是如此，来到了那不勒斯，马拉多纳离胜利越来越近，终于走上了他事业的顶峰。

那不勒斯人把马拉多纳奉若神明。那不勒斯足球俱乐部每年给他百万美元的年薪，一幢高级别墅，两辆豪华汽车和10张往返阿根廷的机票，每场国际比赛后，要另外给他出场费。那不勒斯人崇拜马拉多纳已经达到了如醉如痴的地步，许多街道餐馆和俱乐部都以他的名字命名；无数的儿童也改名叫马拉多纳……这使马拉多纳深受感动，他决心使出全身的招数，为那不勒斯队在意大利、在欧洲争得一席前排座位。随着年龄的增长，马拉多纳成熟多了，一改以前好出风头的毛病，学会了与全队紧密配合。经他与队友的奋力冲杀，不长时间，就把那不勒斯队弄成了个"誉满全球"。第13届世界杯开始后，马拉多纳返回阿根廷为国效力，他挟在欧洲足坛称雄的余威，傲视墨西哥城，在比拉尔多教头的统帅下，率队斩关夺隘，终于捧走了"国际足联世界杯"。他也因此身价暴涨，一些欧洲足球俱乐部愿出1亿美元拉他入伙。

但马拉多纳饮水思源不忘本，金钱、名誉没有使他飘飘然。他经常想起自己儿童时代的生活，他常说："世界上最好的就是我的家人。因为他们养育了我，培养了我，让我长大成人，他们给了我所有的东西，爱情和担忧，我要偿还他们给我的一切。"马拉多纳仍然与儿时的朋友保持友谊，他不断地帮助他们，有些朋友甚至去他的别墅度假。在他夺得世界杯后，他与父母及兄弟姐妹一起，买了大批礼物，赠送给贫民窟的朋友。

赞比亚的足球魂

　　1993年4月27日午夜，赞比亚足协领导人、官员和18名国家队精英乘专机飞往塞内加尔，去进行世界杯足球外围赛第二轮比赛，飞机在途中失事，机组人员和国家队成员共30人全部遇难。

　　赞比亚干旱贫瘠的土地上又多了30个黄土堆，这不是一般的黄土堆，原先还是生龙活虎般的国脚——赞比亚打入1994年世界杯足球赛的希望所在。如今却长眠地下……

　　赞比亚全国陷入无比的悲痛之中。播音员在播音时痛哭流涕，呼喊着每个遇难者的名字："你们不能离开我们，赞比亚需要你们……"，撕人心肺的嗓音在人们的耳边回荡，空气似乎凝固了。

　　电台每天都播送有关新闻，但是没有一条消息能确定失事的原因。

　　到塞内加尔首都达喀尔比赛是赞比亚在世界杯外围赛的第二轮比赛，从卢萨卡飞往达喀尔整个航程需先飞往刚果布拉柴维尔，再转到加蓬利布列维尔，再飞到象牙海岸阿比让，在那里住宿一晚，第二天飞往达喀尔。由于非洲这些小国之间没有航线，球队出国如果乘坐民用专机费用太昂贵，因此借用军队飞机。那是一架加拿大制造的已有20年历史的老飞机，3年前维修过。前几站航程正常，事故发生在利布列维尔。从利布列维尔飞往象牙海岸时，飞机起飞升到海洋上空便爆炸了，机身坠入离海岸约10公里的海面。由于军用飞机没有黑匣子，无法弄清事故真相。

　　30具遗体运回来了，那天卢萨卡万人空巷。人们立在从机场到体育场的马路两侧，原来只需15分钟的路程，车队足足走了3个小时，人群痛哭声惊天动地。

遗体挨个儿摆在独立体育场的草坪上，一张张年轻的脸都是人们熟悉的，是球迷所崇拜的最优秀的队员。全国哀悼日举行了3天，体育场全天开放，成千上万人低着头，抽泣着去和他们昔日所崇拜的人告别。铺天盖地的鲜花、挽幛把草坪全遮盖了。

5月3日，全国哀悼的最后一天，遇难者的追悼会和葬礼在体育场举行。场内挤满了人，还有10万人站在场外，然而体育场内外却鸦雀无声，赞比亚从来没经历过那么多人聚集在一起又那么肃静。奇鲁巴总统亲自致悼词，棺木一个个被安放在体育场外挖好的洞穴里，一个挨着一个。有报道说，130人在葬礼上晕倒，两名妇女被送去急救。

首都各家报纸的大标题写着："安息吧，英雄们！"

赞比亚的足球就此死亡了吗？不！

这个位于非洲南部、面积只有75万多平方公里的小国，主要的体育运动就是足球。早在赞比亚还在英国人统治下被称作"北罗得西亚"时，足球就传入这块封闭的土地，英国人退出这块领地后，足球却在这里扎下了根。所有男孩都偏爱足球，足球伴随着他们成长，到处都可以看到光脚丫的孩子在踢球。球是自制的，麻绳捆着的纸团、挖空的南瓜，什么都可以当球踢，用砖头或柴棍就可以垒成简陋的球门。赞比亚人对足球情有独钟，在这样的国家，一个球队消亡只能激励后人重新站起来，重建新的球队！

由于这场惨案，国际足联破例把赞比亚的第二轮比赛推迟了两个月，即使如此，而且拉上场去打正式的国际比赛，时间是太短，太仓促了！

计划在计日、计时中进行。"为了赞比亚的足球，为了死去的人，我们必须往前走！"成了人们共同的口号和动力。

在博茨瓦纳任国家队教练的赞比亚人弗雷迪·穆维拉被召回当领队，博茨瓦纳破例同意中止合同。他受命于国难当头之际，犹如接受一件神圣的使命，只能干，不能退，但是他对究竟重建一支什么样的队却心里没底。

穆维拉最初从全国挑选了60人，他一个个斟酌，最后留下30人。这是一支新老结合的队伍，卡鲁萨和几个在国外踢球的队员被召回，他们成为新队的主力。原来的守门员菲利因料理母亲的丧事没和球队同行才幸免于难，他原来决定永远和足球分别，为了悼念死去的同伴，如今，正是为了他们，他又重新站在球门前了。

赞比亚在1988年奥运会上，以不可思议的4：0大胜意大利，获得第五名，这是赞比亚足球史上最辉煌的战绩，当时的名队员成为新队的成员，他们都已经30出头了，这些队员有经验，有多年配合的默契。其余的新队员从没参加过正式比赛，他们原先都是光脚丫踢球的孩子。后卫昂格雷·奇扬吉是读到七年级才穿上球鞋的。他第一次穿球鞋比赛时，在半场休息就把球鞋脱下来仔细地瞧，怕穿坏了它。球鞋对他来说，分量太重了。就是这样的球队，这样的队员，肩负起赞比亚忠于再生的使命，还带着全国人民的重托和希望，去争夺打入1994年世界杯足球赛的入场券。

为了让新队员得到锻炼，5月下旬球队和邻近小国进行了3场试赛，第一场1：1踢平，第二场0：1输，第三场以4：2轻取对方。穆维拉备受鼓舞，他说："3场试赛后，我看这支球队很有希望。我们的队员很有个性，他们会成为优秀的队员，我们必须有自己的风格，振奋球队的精神是最重要的。"

为了消除新队员的畏惧心理，必须让球队出国去见世面。当务之急是解决经费问题。贫穷的赞比亚人民为死难家属也为新的球队，纷纷捐款，国际上也给予援助。英国用低廉的收费派遣一位名叫皮特菲尔德的教练，箔维拉甘当助理。许多国家主动提出用廉价的收费提供训练之便。他们选择了丹麦，球队去那里一个月，和一些著名俱乐部踢了几场。这支球队成为赞比亚历史上最幸运的一支球队，有机会到国外训练，还得到丹麦教练鲍尔森战术上的指点，原先光脚丫在泥地上踢球学到的粗糙技术，经欧洲教练的点拨后，有了迅速的提高。

一切进展得有些神奇。

比赛的日子终于来临了！

7月4日，赞比亚对摩洛哥的比赛按计划在卢萨卡独立体育场举行。这场比赛，不仅受到对抗的两国关注，而且全非洲都极为关注。因为赞比亚是在球队全军覆没，在最短的时间内重建新队上场的。外界许多人认为，赞比亚没戏，不过是走走过场而已。摩洛哥人心里也没底，不知对手到底如何。

卢萨卡体育场人山人海，球迷们对死者的哀悼，对新球队的热望和强烈的民族感糅合在一起，气氛非同一般。只要黑白相间的球在绿茵场上一滚动，山呼海啸般的呐喊便将体育场淹没。

警车的呼叫声由远而近，全场寂静。由一列警车和一列摩托车开道，后面便是球队的大轿车、总统奇鲁巴和政府高级官员的车队徐徐开过来，车队在墓地前停下，人们按顺序进入场地。卡鲁萨作为旧队和新队的球星带领全队入场，一阵欢呼声过后，全场静默，向死者致哀1分钟。

上半场摩洛哥攻入一球领先，奇迹发生在下半场。

观众坐不住了，全站立着呐喊，齐刷刷地转向墓地的方向，那里躺着30个人，观众齐声高喊他们的名字："你们在哪里？我们要你们帮助攻进一个球！""查巴拉，帮我们攻进一个球！"死去的查巴拉才23岁，他是个优秀的攻球手，是原先球队的中坚。

赞比亚队员在同胞的助威声中踢得非常勇猛，卡鲁萨接过队友的传球，首先攻破对方球门将比分扳平。后来，别的队员又攻下一球，赞比亚以2:1取胜。

这个胜利有着不寻常的意义。赞比亚人哭着、笑着，无法形容他们的喜悦和兴奋，在看台上的奇鲁巴总统和许多政府官员的眼睛都湿润了。

一个月之后，这支球队和塞内加尔踢了那场被延期的比赛，双方以0:0握手言和。

8月份，他们在1994年非洲杯预选赛中胜了南非，和了津巴布韦。30

个黄土堆上长起了茵茵青草，政府计划，筹款把它们修葺成像样的墓地。每天，不论什么时候，可以看到光脚丫的孩子们在这里嬉闹、踢球，他们当中小的才五六岁，他们踢的当然是自制的球，也许10年之后，他们中间将出现比查巴拉更优秀的球星。

躺在墓地的人祝福他们，祝福赞比亚足球的腾飞……

相信足球

球王贝利在接受"世纪冠军"杯时，有人问他："您认为在同你们进行过比赛的足球运动员中哪个配称最佳足球运动员？"贝利不假思索地回答："列夫·亚辛。"列夫·亚辛是苏联著名的足球门将，参加重大比赛共438场，其中207场没有失过球。为表彰他对体育运动做出的贡献，苏联政府授予他列宁勋章。1985年国际青年联欢节期间，国际奥委会主席萨马兰奇授予他奥林匹克勋章。

1929年10月22日，他生于莫斯科一个工人家庭。当他12岁时，处于战争年代。他在工厂里干活，当过钳工。1944年，当他回到莫斯科时，他已成了一个有好几年工龄的工人。战后，他开始在院子里踢足球。在一次偶然的机会里当上了守门员。当时参加了厂里的少年足球队。教练只是凭眼光挑选谁踢什么位置。教练走到他面前说："这个去当守门员。"顿时他感到有些委屈，因为先前踢前锋的。可是他没有计较，就答应了。对这件事，他现在一点也不后悔。足球运动员中守门员的位置是十分重要的。要是守门员差，一个很强的队也可能会输球；要是守门员好，全队为之欢欣鼓舞，并可能战胜比自己更强的对手。

1949年，他正式参加莫斯科的"狄那摩"青年足球队。教练阿·切尔内绍夫，他当时正在训练"狄那摩"青年足球队。足坛生涯并非一帆风顺。每前进一步都遇上了不小的困难。记得有一次和伏尔加格勒的"拖拉机"队比赛，下半场时，对方守门员把球一脚踢出，球势之猛令人难以预料，径直朝球门口滚来。当时风势也很大，他有点头昏，急于扑出去接球，却扑了个空，球顺风势滚进了球门。等心神稍定，只听得场上一片喧笑声。两个教练伊凡·斯坦克维奇和米哈伊尔·雅库辛很会做思想工作，是他们给了他自信的力量，使他继续留在足球队里。

1950年秋，"狄那摩"队对"斯巴达克"队的足球赛在莫斯科举行，不料，预备守门员瓦里捷尔·萨纳亚生病了。他当时连预备守门员还挨不上，坐在冷板凳上看比赛。突然，教练列奥尼德·索洛维耶夫打断了他的思路。他叫他去替换受伤的阿列克赛·霍米奇。霍米奇是他们那时候最优秀的门将，1945年他出访英国参加巡回比赛中曾获得英国球迷一致好评。

他听了教练的话之后，脚好像钉在地上一样。他勉强上了场，心情异常激动，手脚也不知在哪儿放。过了几分钟，"斯巴达克"队的一名队员一脚劲射，把球踢到了门区，他决定冲出去接球，但扑了个空，倒反而与自己人弗·布林科夫撞了个满怀。这时，"斯巴达克"的一个前锋上来补了一脚，球应声入网。比赛结果是1：1平。

这次比赛后，他在很长一段时期里只是当预备队员。虽然他有机会经常参加比赛，但却是在冰球队里当守门员。他还被推选为参加首届世界冰球冠军赛苏联国家队守门员的候选人。可是，他还是对足球有感情，决心献身于足球。由于决心大，他锻炼非常刻苦，除练习守门，别的队员应完成的一切项目他几乎都做了，因此进步很快。

1954年，他正式成为苏联国家足球队队员。这一年他们到印度参加比赛。从莫斯科出发，途径赫尔辛基、斯德哥尔摩、马德里、里斯本、卡拉奇，最后到了德里。从大雪纷飞的莫斯科一下子来到烈日炎炎的德里，真像进入童话世界一样。印度是一个非常美丽的国家。他去过不止一次。有一次，去印度参加比赛。他记不清是在哪个城市了，这个城市里有许多大象，大家拿苹果喂大象。大象以为我拿的是苹果，伸出鼻子来取这包香烟，我猛地把手缩回，大象大概认为他挺小气，一下子把他甩到了泥沟里。队里的医生笑着对他说："你瞧，亚辛，连大象都明白，体育运动和吸烟是水火不容的。"1984年，祸从天降，一条腿动了大手术。医生说，这与他吸烟有直接关系。

从1954年起到1971年为止，他始终是苏联国家足球队的守门员。这一时期，可以说是苏联足球的全盛时期。1956年，在墨西哥荣获了奥林匹克大赛的冠军。1960年，在巴黎获得了欧洲杯冠军。1966年世界杯大赛中争得了第四名。有人对他说："您在足坛度过了整整25个春天，为苏联国家足球队立下了汗马功劳，应该好好总结一下经验。"他回答说："经验当然要总结，不过踢球主要不是凭什么理论，而是'看风使舵''随机应变'。"

1958年在瑞典，这也是苏联国家队第一次参加这样的大赛。出手不凡，碰上了强队英国队，结果以2：2踢平，接着他们以2：0战胜了奥地利队，但以0：2输给了巴西队。和巴西队交锋的这场球踢得最精彩。这场球踢出了有史以来的最高水平。球王贝利正是在这一届世界杯足球大赛中成为足球明星的。当然，那时巴西队和今日的世界杯冠军队不可同日而语。

1962年在智利举行的世界杯足球大赛使他经受了极大的考验。在小组预赛中和东道主队角逐时输了。回到莫斯科，记者报道说这场球输就输在守门员亚辛身上。后来在国内举行的比赛中，每当广播员念到亚辛名字时，球场上便会发出一片嘘叫声。那时他已经32岁了，决心结束比赛活动。著名教练波诺马廖夫叫他暂时去休养一个时期。休养结束后重新参加了训练，而且非常刻苦，但教练没有立刻把他列入主力队员的名单。直到又信心十足的时候，教练才宣布他是队里的主力。这以后，全力以赴地投入迎接1966年世界杯赛的训练。后来在比赛中苏联队得了第4名，但这样的成绩已经算不错了。

除了以上三次大赛之外，1963年他曾有幸参加了国际足球联队对英国队的比赛。参加这个联队的队员中有法国人戈帕、西德人施奈林格、西班牙人亨托、巴西人桑托斯、葡萄牙人埃塞维奥……共18名队员，教练是智利人费尔南多·里耶拉。这一年，他被评选为欧洲最佳足球队员。

1966年世界杯赛之后，他继续踢了四年球，感到参加比赛一次比一次艰难，力不从心，而且以前受的伤也经常发作。先后有过六次脑震荡，至于大大小小的内外伤如扭伤、骨折等的次数那是难以数清了。有一次，在赛场上腿部肌肉撕裂，可是当时已经不好换人，他只好忍痛坚持到底。又有一次，一个手指出血不止，整只手套都沾满了血，但没有下来。在长期足球生涯中学会了熬痛，1971年，他正式结束足球比赛生涯，在莫斯科列宁中央体育场举行了告别赛，人们为他举行了隆重而有意义的庆祝活动。

令君着魔痴狂的足球

没有人否认足球是人类最伟大的发明之一。当人类将自己与生俱来的攻击性本能、对抗性技巧与同样是与生俱来的游戏性冲动以如此巧妙的方式结合在一起时，小小足球就迅速渗透到政治、经济、军事、文化等在内的人类生活的一切方面。它如一只看不见的"上帝之手"在操纵和左右着人们的生活。

但是人类总在不断创造好的东西，但同时也在不断毁掉好的东西。人类在不断地创造社会高度文明，但同时也在被泛滥的文明病所困扰。足球越踢越疯狂，人类的许多毛病也因此暴露无遗。当人们欢呼"足球天使"

到来之时，人们也在发现"足球恶魔"也悄然而至。随着公平、平等的足球精神在绿茵场上滚动，人类越来越变得文明，足球世界就显得越发野蛮和弱智。

有人说，衡量一个人是不是文明人，有个极简单的标准，就是看他迷不迷足球，这个标准虽然过于简单，但细想也确有几分道理。想想现代都市人有多么压抑，本来光着身子挺舒服，可文明教化却偏让穿西服打领带蹬皮鞋；本来大哭大笑大叫大骂最痛快，可文明教化却让人深沉含蓄喜怒不形于色，还得懂礼貌讲敬语；本来大碗喝酒大碗吃肉最过瘾，可文明教化偏让食不厌精脍不厌细，可怜的人们只有一个地方可以让他们返璞归真、尽情宣泄、任意疯闹而不必负任何责任，那就是足球场。可见越文明的人越受压抑就越发泄，就越爱看足球，反之亦然。从这个意义上说，体育热，足球的狂热，这也是现代高度文明的产物。随着社会的进步发展，社会文明的提高，体育运动中的足球热、篮球热、排球热、网球热等等会一个接一个接踵而至。

今日世界的足球狂热已经到了十分惊人的程度：

有报道说，在16届世界杯比赛期间法国巴黎妇女没人陪伴，只好去看电影。因为世界杯男人冷落了女人们，离婚率和家庭暴力事件大大提高。每年世界杯都催生出一个数目可观的"足球怨妇"群体。据世界杯前一项统计表明85%的英国男人认为，在世界杯期间足球比女人重要。

为了得到去法国看球的时间，上千的日本球迷在世界杯揭幕前匆匆忙忙结婚。对于这些球迷来说，结婚对象是谁并不重要，重要的是结婚可以换来假期，反正他们中的大多数人已经准备好了在世界杯后离婚。

一位60多岁的广州球迷，因为不满老伴老要在他全神贯注看球的当口换频道看香港电视剧，而一怒之下，将价值1万元的电视机砸个稀巴烂，然后头也不回地上邻居家继续看球去了。

1998年世界杯赛，巴西队与摩洛哥队进行A组的一场比赛，当长着一对兔牙的世界杯"足球先生"罗纳尔多凌空抽射打入一球，一位中国年逾花甲的老球迷被巴西队美妙的技艺鼓噪得不能自己，心动过速，命归黄泉。与此同时，在这个城市另一条街上一位半夜起床小解的5岁小童被楼下挑灯夜战电视直播的球迷突然的喊叫声，吓得跌落楼梯顿时头破血流。

在孟加拉国，学生们为了提前放假看世界杯足球赛而上街游行；在阿根廷，几个球迷因为对国家队一场比赛看法不同而互相开枪。

法国总统希拉克是个超级球迷。除了尽可能到现场观看外，他还一场不落地看余下实况转播，为了方便看球，他命令夫人贝纳多晚餐地点改在电视机前，并且剥夺了夫人在直播球赛90分钟时间内的发言权。

事情就是这样，不管你喜欢或不喜欢，足球已经活生生地闯入你的生存空间，并成为越来越多的人所向往的一种生活方式。

足球世界是现代社会的一个缩影，好的、坏的、美的、丑的，无所不在，包罗万象。

政治游戏在现代足球运动中愈加突出：阿根廷超级明星马拉多纳在被人问及他将怎样回报总统梅内姆时说过："我不需要怎么去回报他。我对他的回报已经够了，我为阿根廷赢得一次世界杯，阿根廷人就会忘记经济萧条和政治斗争好几个月。"

马拉多纳说出了现代足球早就不再是一项单纯的娱乐和体育项目，而已经沦为某些政客和政治势力可以灵活运用的一大工具。足球的原初意义被背叛了。现今足球已经成为政治游戏中一个砝码而已，玩你真的没商量。

洪都拉斯和危地马拉更是把足球当成发动战争的借口，洪都拉斯队在世界杯比赛中负于危地马拉之后，洪都拉斯立即将坦克开到危地马拉国境。这是历史上著名的"足球战争"。300人在这场战争中蒙难。

足球与政治游戏规则是相通的。所以把足球对垒上升到政治交锋高度，并赋以政治意义，不能简单地看成是政客们糟蹋足球。

伊朗队入围16届世界杯赛并与政治宿敌美国分在一个小组。几乎所有伊朗人都将两队比赛视为一场足球"圣战"，伊朗和美国政府也将这场比赛作为两国修好的一个步骤。伊朗队球员先向美国球员献鲜花和礼物，接着又击败对手，伊朗当局认为他们赢得的是"足球外交"。

充满铜臭的足球，这是现代足球病的另一症状。足球已经成为这个世界上最紧俏的商品。职业足球毛孔里都渗透着铜臭。最近几年，在足球界出现一类新型投资者，他们把足球俱乐部完全当作一种金融产品来经营。

在世界足球大赛中，以赌球为生的人越来越多，投注者往往不仅赌比赛胜负，还要赌比赛比分、进球者、最佳射手等。随着足球博彩业日益渐红，一些赌博集团开始在足球比赛中扮演越来越引人注目的角色。

自从足球锦标赛成为一项至高无上的荣誉之后，形形色色的幕后交易像瘟疫一样在大大小小的比赛中蔓延。如果说公平竞争的体育精神是美丽纯洁的天使，这种幕后交易就是令人发指的强奸犯。

中国球迷都清楚记得1982年沙特阿拉伯所导演的那场最终将极其有希望首次晋级世界杯决赛圈的中国队打入冷宫。在只要新西兰队不在最后一场比赛中净胜沙特队5个球以上，中国队就可以出线。然而，沙特队竟然敞开大门，让实力相当的对手打进不多不少5个球。

暴力常常使足球场变成"屠宰场"，足球队员受伤已成家常便饭。至于足球暴乱和足球流氓也已成为社会问题，让人们一筹莫展。

天价收购的球队——"曼联"

1998年9月9日，曼彻斯特市上空万里无云，秋风送爽。古老的建筑，街旁的百花，悠闲散步的人们……一切都显得平静而肃穆。就在这天，新闻大楼里却热闹非常。大厅里各界知名人士聚集一堂，醒目的横额引人注目，《联合记者招待会》正在进行。

曼联俱乐部负责人今天正式宣布，按照该俱乐部与默多克的天宇电视新闻网二台达成的协议，曼联队将以6.234亿英镑（合10亿美元）的价钱出售给天宇电视新闻网二台。一支运动队能卖出这么高的价码，尚属有史以来第一次。

在今天举行的联合记者招待会上，天宇电视新闻网二台董事会负责人马克·布思和曼联队董事会负责人马丁·爱德华兹均强调，出售曼联队不仅不会造成任何损害，反而对球迷有好处。

爱德华兹说："我决不会做任何有损曼联队兴旺发达和传统的事情，如果我这样做了，就将我绞死，但首先请给我一个机会。"

布思说："我们的利益与曼联队球迷的利益百分之百地吻合。他们希望夺得联赛冠军，我们也是这样想的；他们希望夺得世界杯赛冠军，我们也希望如此；他们希望曼联队拥有最佳球员和最佳教练，我们也希望这样；他们希望曼联队能发挥最佳水准，这亦与我们的希望完全吻合。"

购买曼队的是传媒大王默多克。他1931年3月11日生于澳大利亚，毕业于英国牛津大学，现已加入美国籍。默多克家族的总资产约100亿美元。其新闻集团旗下控制着多份著名报纸，包括英国发行量最大的《太阳报》

《泰晤士报》和《星期日泰晤士报》、美国的《纽约时报》等。他还拥有多家电视机构，包括英国的天宇电视新闻网、美国福克斯电视网等。他的资产还有20世纪福克斯制片公司、HarperCollins出版公司等。

迄今为止，默多克已购买了多家著名的体育俱乐部，其中包括NBA的洛杉矶湖人队、纽约尼克斯队。另外，他还拥有英格兰超级联赛、板球赛、橄榄球赛的独家播映权。

世界上规模最大、赢利最多的俱乐部队——曼联队，现在又成了世界上标价最高的俱乐部队。

曼联队创建于英格兰内地的工业区，1878年建队。120年来，它的影响已波及世界各地，在每个大陆都拥有约1亿球迷。这种全球影响力是它在1958年慕尼黑空难后逐步建立起来的。在当时的教练马特·巴斯比和他的队员们成为欧洲足坛明星时，全世界都开始对曼联队刮目相看。

曼联队主要战绩为11次获得甲级联赛冠军，9次夺取总杯，一次捧得欧洲冠军杯，一次捧得欧洲聪明杯。在近6个赛季的英超联赛中，它4次登上冠军宝座。

现在，曼联队的教练是弗格森。在他的率领下，该队90年代以来一直是英格兰足坛的一支劲旅，并在联赛中保持着绝对优势地位。

默多克购买曼联队不惜重金，10亿美元投资差不多可以建造半个三峡工程的巨额资金，他到底用心何在？

两年前，鲁珀特·默多克在解释体育节目对吸引观众看他的电视频道有多么重要时，曾说过这样一句名言：体育节目是收费电视的"攻城槌"。曼联队对默多克说，是再好不过的收费电视"攻城槌"了。曼联队是世界上最受欢迎、也是最富有的俱乐部。

对足球俱乐部和转播该俱乐部比赛的电视公司来说，球迷越多意味着观众越多，观众越多意味着赢利越高。曼联队对默多克的吸引力正在于此。作为一项"媒体资产"，在世界体坛没有哪一家俱乐部能同这家俱乐部相匹敌。

天宇电视新闻网二台拥有对英超联赛的独家转播权，在同英超联赛机构就收费电视进行的任何谈判中，这家电视台拥有曼联队后将拥有更大的发言权。每家俱乐部在天宇电视新闻网二台体育节目中露面，都会获得高额的上视费。因为这一原因，天宇电视新闻网二台有可能会给曼联队更多的上视时间，以提高其收入。

政府机构已暗示，传媒公司收购本国最大俱乐部符合公众利益。

天宇电视新闻网二台指出，传媒拥有体育俱乐部，别国早已有之，那里的政府认为没有必要干预。意大利最大传媒集团负责人贝卢斯科尼拥有 AC 米兰俱乐部，法国收费电视公司法国电视四台拥有巴黎圣日耳曼俱乐部。

美国传媒公司长期以来一直是许多体育俱乐部的拥有者。默多克的新闻公司买了纽约尼克斯队、一家棒球队和一家冰球队的部分股份。这些交易使默多克的福克斯电视网在利润丰厚的美国体育电视转播市场站稳了脚跟。

默多克将曼联队收归其旗下还有另外一个原因。英国一家法庭将调查天宇电视新闻网二台与超级联赛机构达成的独家转播合同是否有违法之处。这项合同价值6.7亿英镑，合同期长达4年。部分法律专家认为，法庭不会赞同这笔转播合同。因此后可能会由各俱乐部自己转让比赛的电视转播权。天宇电视新闻网二台拥有曼联队将可确保这家电视台不会因法庭裁决或者与其他电视台的竞争，而失去超级联赛的合同。

另外，目前欧洲足球赛正在按照各大俱乐部的经济利益进行重组，在重组过程中拥有发言权并对最后结果产生影响，这对天宇电视新闻网二台来说将是非常有益的。

英国足球比赛将很快引入收费电视。作为拥有300万球迷，并且在这个国家最受欢迎的俱乐部，曼联队从收费电视中肯定会大获收益。

默多克重金购买"曼联队"，引起球迷们激烈反对，在报界也展开论战，同时也引起了连锁反应。但毕竟是在体育竞技。

女神杯的意义

女神杯，其实这是人们对它的爱称，它的真名叫"世界足球锦标赛——雷米特杯"，这是因纪念在1921年到1954年间担任国际足联主席的法国人朱勒斯·雷米特而定名的。

雷米特杯，有其受人青睐的日子，也有惨遭毒手的岁月。说起来，围绕它的产生和经历，有着一些值得回忆的有趣故事：

足球比赛早在1896年第一届奥运会就列为正式项目。以后，欧洲一些国家纷纷成立职业性足球俱乐部，各俱乐部的物质待遇较高，致使一些优秀运动员几乎全部集中到俱乐部。因此，奥运会足球比赛反映不出真正的世界足球最高水准。在这种情况下，各国纷纷倡议举办一种能代表世界足球真正水平的比赛。但国际奥委会和足联一直拿不出一定主意，一直拖到30多年后，到1928年举行第9届奥运会时，有些国家把职业运动员当作业余运动员报名参加比赛，使这一届足球赛乱了套，大煞风景。这样国际足联才在奥委会授意下召开一次代表会，会上通过一项决议就是另外增加一项世界性的无论职业或业余运动员均可参加的比赛——世界足球锦标赛。每四年举行一次。并请法国著名技师拉弗列尔来设计、制造金杯。拉弗列尔经过反复思考、对比，决定选用古代希腊胜利女神——尼凯的形象来塑造这只金杯，并共用1800克纯金，花了25000美元，制造成这只金杯。金杯只有30厘米高，可女神的形象却象征荣誉，诗人赞美她："胜利女神高举双手，不畏海浪的拍打，身体展开巨大的翅膀，裹身的薄薄贴身衣被打湿，紧紧贴在胸前，自肩上滑落的上衣滑落腰下，且向后扬起，她在召唤人们，为争得我而奋力搏击。"

这个张开巨大翅膀的女神杯，从诞生之日起，让人们搏击争斗得好苦。1930年第1届世界足球锦标赛，为了争夺这个金杯，乌拉圭和阿根廷断绝外交关系。第2届世界杯赛，意大利队荆棘满途苦战过关。第3届时比赛波澜起伏冷门迭爆。第4届时，巴西队眼看金杯到手，但在决赛中却急躁骄傲，麻痹轻敌怨恨本土。第5届，为了争夺金杯匈牙利大搞革新，德国布下迷阵。第6届巴西人夺冠完成二次革命……总之，为夺得金杯，有无数足球队奋力夺魁，又多次使足球技术发生重大变化和发展。

每当一次大赛后，主办国总统、元首把象征最高荣誉的女神杯，颁发给冠军获得者。他们高举起奖杯，绕场狂跑，欢喜异常。当把奖杯抱回国后，又是开庆功会，又是搞联欢，有的国家还倾城出动游行，有的国家宣布全国放假。所到之处，无不受到尊敬和加倍爱护。女神杯的日子过得好舒心、好光彩！

但是好日子不长，到了1966年在英国举办第8届世界足球大赛时，女神杯开始遭到灾难。

按国际足联规定，上一届获得冠军的国家，在举办下一届大赛前半年，把女神杯送到主办国。那年年初，女神杯就被上届冠军巴西送到英国安置在伦敦威斯特敏斯特宫。

报名参加这届锦标赛的共有71个队。在国际足联某些人把持下，硬是通过了歧视亚、非地区的蛮横决定：欧洲33个队可以有10队进入决赛，而亚、非、大洋洲共20个队才允许1个队进入决赛。国际足联这一决定立即遭到亚、非各国强烈反对。非洲足联在忍无可忍的情况下，全部退出比赛，当时国际足联的一些人忙于处理这一棘手问题。就在7月11日，足球大赛前几天，英国人发现在戒备森严的威斯特敏斯特宫中的女神杯不翼而飞，被人偷走。这个消息像重磅"炸弹"在英国和全世界炸开，急得国际足联官员和主办国官员像热锅上的蚂蚁。没有了女神杯，还叫什么国际足球锦标赛？英国保安当局立即派出4000余名警察，在机场、车站、公路盘查，但一无所得。

就在人们失望之际，一位叫戴维·科贝特的先生牵着一只名叫"皮克尔斯"的狗在一家小花园里找到了这个奖杯。这可是皆大欢喜，第8届世界足球大赛得以如期开幕。

1970年在墨西哥举行第9届世界足球大赛，巴西队六战六胜，在同意大利队决赛时4∶1获胜。根据国际足联规定，三次夺得冠军可以永远占有女神杯。巴西第三次夺得并永远占有女神杯的消息传到本土。整个国家张灯结彩，放假、游行、狂欢庆祝，热闹极了，像过节一样。女神杯从1930年至1970年的40年之间辗转五个国家，这次可有了落脚之处，该过安稳的日子了。然而，天有不测风云，一些心怀叵测的家伙又向女神杯伸出黑手。

1983年12月20日，凌晨1时，两个蒙面人持枪逼着看门人巴蒂斯塔，抢走了女神杯，同时还抢走了"独立杯"和"泛美杯"。消息传出，全巴西哗然。警方出动大批人马，进行全城大搜查。一个月过去，仍无消息。许多人为痛失国宝而悲恸大哭。万万不幸的是，女神杯竟然同另两个奖杯一起，被盗匪锯成四段，化成金块，一起卖给金商，获赃款24000美元。国际足联在悲愤之余，请美国柯达照相器材公司出资，给巴西又制作一个同前一模一样的女神杯，永久保留纪念。同时又请意大利设计师加扎尼亚重新构思一座新的世界杯，于是一尊由两个大力士双手高举地球，高36厘米，重5000克，成色18K金面值20000美金的新奖杯诞生了。

这个大力士杯，是流动奖杯。不管哪个队三次获得冠军也不能长期占有。

为了避免出现像女神杯那样惨遭毒手的事故，大力士杯每次移交杯时，都是专机武装护送。

大松博文的"魔鬼训练"

　　1964年的东京奥运会，日本女排与苏联女排相遇。苏联女排身体条件远远好于日本女排，苏联女排队员身高体大，跳跃力好，攻击力强。但是在比赛时遇到日本队顽强争斗，只见日本队采用滚动救球，救起了苏联队一个又一个重扣然后立即转入进攻，以防守的优势，扼制了苏联队的强攻，在一来一往中取得主动。另见日本队又在比赛中放出一种下沉球，球发出去自身向前旋转，球一越过网便立即下沉落地。而且每一队员都会发好几种球，有的如落叶，有的轻飘似雪片，左右摇摆，这些发球给对方造成严重心理和精神上的压力。飘球和大力发球屡屡奏效，使苏联队一筹莫展。

　　实力雄厚的苏联女排在日本这些秘密武器面前束手无策，只能俯首称臣。日本女排所向无敌，又一次以3∶0击败苏联队，确立了女排霸主地位。日本女排被人称为是战无不胜的"东洋魔女"，那么日本队这些秘密武器是谁发明的？这就是被报界称为"魔鬼"的大松博文先生。他是东洋魔女的教练。滚动救球、鱼跃滚翻救球、勾手发飘球、发下沉球、时间差进攻等等都是他的创造。

　　大松博文出生于1921年，大学时代就是排球队员。1941年参加日纺，希望就业后从事排球活动，但未能如愿，直到1953年11月原吉平社长找到大松博文，让他组建一支社里排球队。接受任务后，他在4300名女工中挑选队员，但他认为没有一个具备排球队员的身体条件和素质。于是他到出生地香川寻找队员。

建队以后立刻着手训练，可是队员们都没有基础。只好进行基本练习。但是大松要求却十分严格，动作做不好就大声训斥他们。由于运动量大，队员们累得爬不起来，他就把她们从地上强制拉起来再练。运动场附近是工人宿舍，不上班的工人都来看训练，旁观者看到训练这样残酷就向工会提出抗议。她们说大松在虐待队员，要求停止这种训练。工会干部来找大松，大松说："你们去问问队员，如果队员不停止训练，我必须继续下去。"工会干部得到队员的回答是："为什么要停止训练，大松先生完全是为我们好啊！他自己也不比我们轻松。"

虽然顶住了压力，但第一次参加大阪比赛，却一败涂地，每场比赛只得三四分，这样就招来更强烈的谴责，低声指责："大松简直是魔鬼！"而大松却心里有数，他对队员们说："真对不起，是我没教会你们如何不失误和怎样不犯规。今后再比赛，要给你们留下美好愉快的回忆，为这个目的，从现在起要付出更大的努力！"

建队一年半，在香川县丸举行的全国企业队联赛中，大松带队荣获冠军。比赛回来，工人们集合到工厂门口，以雷鸣般的掌声欢迎球队凯旋。1960年大松率领的日纺贝冢队，第一次参加6人制国际比赛，在巴西的里约热内卢举行的第3届世界排球锦标赛上，获得亚军。1962年第4届排球锦标赛上，日纺贝冢队终于打败苏联队获冠军。

大松博文在实施训练中，有主张、有头脑、有独到之处，他主张女子排球队员进行大运动量训练，极限负荷训练。他发现女队员倒地时，不像男队员那样用尽力气，真正达到极限。她们脸色还好，嘴唇也不发紫，说明坚持下来没关系。他在训练中，满身大汗，红着脸，运动员稍一迟钝就遭到大声训斥，朝着队员连骂带扣球，就是要刺激运动员的拼命精神。他认为，连续不断训练，运动员必然感到艰苦，会产生疲劳。当她们坚持不住时，教练员如果顺从队员，让她们休息，应付地放松下来，不会进步，对运动员是不负责任的做法。对那些渴望休息的运动员，大松不是挖苦，就是叫骂，是要她们重整旗鼓，抖起精神来发奋训练。

训练救球时，要求队员向飞来的球猛扑过去，颠起球后紧接着做倒地滚翻，在滚动后还没起来时，第二个球又砸了过来。就是这样第三、第四个连续不断。

大松认为，训练中弦绷得太紧是不对的。这种做法最大的缺点是不能持久。所以训练必须要一张一弛地调整。

1964年日本女排获得奥运会冠军后，大松辞去了日纺女排教练工作，许多国家重金聘请大松，都被他谢绝了，但是他应中国排协邀请，率领原日本国家女排8名队员，来到中国进行表演。1965年4月23日大松又应周恩来总理邀请，到上海帮助女排训练一个月。开始每天训练5小时，到后来竟每天训练12小时。他每天的日程都是训练，从不参观、访问，也不看电影或游览。在场上他亲自做示范，活动不停，每天都要击球、抛球五六千次，每天训练后疲惫不堪，一回到旅馆倒在沙发上无精打采，要由夫人替他更衣。他还要每天写训练日记和教案。

周总理观看了大松博文的训练课，对他的训练方法和观点很欣赏。周总理说："大松的训练符合毛主席实践论精神，符合我国从实战出发、从难、从严的三从训练原则。"

大松博文的许多训练思想都具有很深的哲理，他总结自己走过的路，著有《跟我来》《只要做就成功》《我在中国》等著作。《跟我来》在日本再版113次。

大松的一生是奋斗的一生，是极有意义的一生。他用极强的事业心和坚忍不拔的毅力，实践了他崇信的格言："有志者事竟成。"

乒乓二百年

我们都很熟悉乒乓球运动，可你知道乒乓球运动是怎样起源的吗？

乒乓球运动是在18世纪末起源于网球盛行的英格兰。当时英格兰一些大学生由网球得到启示。为实现在室内桌子上打已经盛行的草地网球这一愿望而出现的。

最初，这种游戏的器械很简单，仅在餐桌中央摆上一排书充当球网，然后用网球拍打球，这种游戏吸引了很多人，英国一家报纸对此做了报道。当时在英国被命名为"桌上网球"。不久，英格兰的体育用品制造商就开始零售成套的球、球拍和球网。称呼这种活动的名称五花八门，什么"高西玛"（Gossima）、"韦弗瓦夫"（wiff-waft）等等。其中的一名称就是"乒乓球"，它是英国一家公司根据当时流行的用凹陷的羔皮纸制拍子击打用明胶制的球，和球碰撞桌子发出的声音而起的名。

18世纪末，尽管还有许多人仍仅把它视为一种茶余饭后的娱乐，而不是体育运动，但它的技术已有了明显的进步。在1903年的一篇文章中可以看到，它告诫人们不要穿大礼服、硬衬衫，女士们不要穿白缎长袍去玩乒乓球。玩球时，要注意握球拍和使用一定的战术。

这种游戏当时风靡一时，但标准的记分方法、统一的器械和组织还未出现。

这股"乒乓热"很快过去了，在英国沉寂了18年。

1905—1910年，乒乓球活动在中欧有过小小的兴盛。1902年留学英国的日本东京高等师范学校教授坪井玄道将乒乓球带回日本。

　　乒乓球运动的复兴是在第一次世界大战之后，英格兰和威尔士建立了全国性协会，采用了相同的规则。这些规则经过修改后，成为后来世界比赛规则的基础。20世纪20年代初，这两个协会进行了国际性的比赛。随后，乒乓球协会在奥地利、捷克斯洛伐克、丹麦、德国、匈牙利、印度、瑞典等国建立。1926年，9个乒乓球协会在伦敦聚会，组成了国际乒乓球联盟，艾活尔·蒙塔古为第一任主席。

　　此时，出现了标准的球桌：2.74米长，1.525米宽，球桌面距地板高75厘米。木制的球拍上也覆盖上一层胶皮。打法上出现了前所未有的旋球。旋球使乒乓球从一种娱乐游戏变成一个需要体力和技术的现代体育运动项目。

　　这期间国际乒联的成员虽然增多，但却仅限欧洲。这种情况到1939年才有所改变，在开罗（第一次在欧洲之外）举行的世界锦标赛上，28个协会加入了国际乒联。这一段时期，比赛规则没有什么重大变化，只是把球网的高度降低到6英寸。

　　1952年在孟买（印度）举行的世界锦标赛上，第一次参赛的日本队采用厚海绵胶拍和新的打法，囊括了全部冠军。

　　一场变革随即开始，越来越多的选手开始使用海绵胶拍，然而使用海绵胶以及其对乒乓球运动的影响引起了一场激烈的争论。于是，1959年，国际乒联在多特蒙德开会，达成一个折中方案，即要求球拍上的海绵胶应有一个统一的标准。

　　随着时间的推移，越来越多的协会加入国际乒联，1939年入会的仅28个协会，1954年增至80个，亚洲和第三世界国家的加入，使欧洲的优势开始失去。尽管中国人第一次在布加勒斯特的世界锦标赛上未获得令人瞩目的好成绩，但却使人感到他们潜在的能力。

　　目前，乒乓球比赛的一个趋势是：由于学校和各种青年组织都提供设施，鼓励孩子们在8岁时就开始打球并参加由官方组织的比赛，运动员的年龄普遍偏小。

许多国家队里有一些最好的少年、甚至儿童选手。今天的很多世界冠军实际上就是昨天的少年冠军。

如今，尽管乒乓球的管理和比赛规则发生了许多变化，但实际战术却无什么重大改变，变化最大的是球拍。制造技术的提高，使球拍变得越来越复杂，这不禁使人感到一种威胁。

1983年，国际乒联在东京会议强调指出：乒乓球运动是人的技术竞赛，是一项既要有第一流水平，同时又给"为快乐而玩"的人们提供乐趣的体育运动。

在过去的60年里，乒乓球已发展成为一个世界性的主要体育运动项目，大约有3万万参赛的运动员，还有几万万业余爱好者。然而，与20年前相比，除了其技术发展得更快、更精妙一些外，其本质却仍然如初。

我国民间很早就有类似乒乓球的游戏。1904年乒乓球由日本传入我国，有人说，在光绪三十年左右，上海四马路大新街南面有一家文具商店，卖主王某经过远渡重洋采购文具用品。有一次去日本购货时，看到日本有比较完美的乒乓球游戏，便采购了部分乒乓球器具回国。王某把这些器材摆设在店中，并亲自做打球表演，于是买乒乓球的人和打乒乓球的人逐渐多起来了。

1908年左右，"环球中国学生会"的会员朱少屏首先在该会的少年部推行这项运动。1916年"上海基督教青年协会"童子部也添置了乒乓房和乒乓桌，供会员娱乐。1918年无锡成立了许多乒乓球队。1919年，杭州的"之江大学""蕙兰中学"也出现了乒乓球组织。1921年，四川万县有了乒乓球活动。1922年，青岛的乒乓球队还与日侨进行了比赛。但当时的乒乓球活动由于设备的限制，只是少数人闲暇时的消遣，没有正式的组织。游戏的方法，一种是仿照网球的记分法进行；另一种是采用"打擂台"的办法。

当时的球拍比较简陋，最初用红木薄片制成，拍面为椭圆形，长柄，拍子的重量很轻。为了减弱球拍对球的扇动力，球拍上钻有16个小孔。这种拍子虽然弹力较好，但缺乏韧性。不久就有夹板制作的球拍和独幅木板制作的球拍出现。有三层、四层、五层等几种拍子。

那时的球台，普遍都是用二或三张桌子拼搭起来使用的，以后才有正规的球台和网。

自从1918年上海成立第一个乒乓球联合会之后，乒乓球队的组织就陆续出现。较有名的有华一乒乓队、圣约翰大学队、中国台球研究会等。1922年，"中华基督教青年会"体育部首次组织了四校联赛。1928年，无锡举办了第1届无锡乒乓球锦标赛。

1925年，由当时我国乒乓球联合会会长胡铁吾和旅沪日侨桌球代表城户尚夫等编印了第一本乒乓球规则。接着又制定了远东规则，并翻译了万国规则，统一了乒乓球比赛中的要求。从这时起，我国开始采用国际新规则。

当时各地比赛频繁。有友谊赛、锦标赛和夺标赛。上海的锦标赛最盛。由乒乓团体发起，商店、机关捐赠奖品，既进行夺标竞争，又起到商业上的宣传作用。但直到这时，乒乓球还被排斥在全国综合性运动会的比赛项目之外，认为"乒乓球小道也，不足登大雅之堂"。1930年举行的全国运动大会前夕，上海乒乓联合会曾上书当时全运会筹委会，要求把乒乓球列入比赛项目，结果以"乒乓为非户外运动"为理由被拒之门外。

我国第1届全国乒乓球比赛大会，是在1935年举行的。比赛结果，江苏胜澳门负于上海，上海胜江苏负于澳门，澳门胜上海负于江苏，三队分数相等，同得第一。会后，"全国台球协进会"改名为"中国乒乓球协进会"。

1937年之前，还一直停留在木板打法上，大都用木板推来挡去，采用削球都甚少。1939年匈牙利名手沙白吐士访沪，用橡皮拍打出旋转球，击败了上海所有的选手之后，在打法上才有了较大的改变，采用橡皮板的人越来越多，快速进攻、远台削球代替了木板的挡球打法。

1954年至1959年间，称霸乒坛的是日本。但当中国在1959年夺得男子单打冠军后，日本的一统天下局面随即丧失。

从那时到现在，中国大部分时间都在乒坛居统治地位。匈牙利和瑞典也取得了一些好成绩，昔日的欧洲强国却日益衰落。

乒乓赛场聊技术

乒乓球技术的发展，从某种意义上说是在球拍的不断革新，打球在速度和旋转之间相互竞争过程中向前推进和发展的。

首先让我们看一看球拍的演变过程：

穿弦式（网球拍形的手球拍形）→羔皮纸（长柄大头拍、短柄大头拍）→木板拍（短柄粗麻木板拍、短柄光板拍）→胶皮拍（光板贴胶皮）→海绵拍（木板上贴海绵）→海绵胶皮拍（木板贴海绵胶皮，正贴、反贴）。

正在用的海绵胶皮有多种多样，有正胶海绵和反胶海绵拍，还有防弧球拍、长胶球拍、中长胶球拍、生胶球拍和两面不同性能的球拍等等。由于竞赛规则对球拍的大小、形状重量不限，现在又出现了歪把球拍、扣握式球拍等。球拍握法也多样。

由于球拍的不断变化，乒乓球技术打法特点也在不断变化和发展。从1926年第1届世界乒乓球锦标赛至今已有70多年的历史，概括起来大体上可以分为以下几个阶段：

第一阶段（1926—1951），欧洲全胜，以削球打法为主。最初，运动员使用木制球拍，速度慢，旋转性不强。因此打法单调，只是把球挡来挡去。胶皮拍出现后技术有很大变化，因为胶皮拍比木制拍弹性大，摩擦力大，用来击球可以产生一定的旋转，于是出现了削下旋的防守型打法，这种打法力求稳健，准确。在欧洲风行一时，不少运动员采用这种打法获得世界冠军，如匈牙利的巴纳获五次男单冠军，匈牙利的法长斯也连续三次获女单冠军。在这个时期乒乓球运动的重点和优势在欧洲。翻开前18届世乒赛的历史，其中有17届比赛是在欧洲举办，产生的金牌共117枚，而欧洲选手就获得109枚，占总数的93%。

欧洲选手的基本打法是防守多于进攻，主要靠稳削下旋球取胜对手，他们的指导思想是力争自己不失误，而等待对方失误以取得胜利。于是双方都打"蘑菇球"，致使比赛时间打得很长。如在第11届世乒赛中女子单打决赛时，美国运动员罗阿隆斯与奥地利运动员普里希的比赛很长时间没有结果，裁判员要求采用抽签的方法决定胜负，但双方运动员都不同意抽签来决定冠亚军，最后裁判员宣布此次比赛无结果，因此这一届的女子单打世界冠军栏内写着"无冠军"。鉴于上述情况，国际乒联决定修改规则，增宽球台，降低球网高度，限定比赛时间，以鼓励积极进攻，加快比赛进程，防止采用消极打法。此后，削中反攻打法有所发展。

第二阶段（1952—1959），优势转向亚洲，日本长抽打法称霸乒坛。1952年，日本运动员在参加第19届世界乒乓球锦标赛中采用长抽打法，结合快速的步法移动，击败了欧洲的下旋削球，从此使上旋球打法占了优势。此外，日本还革新了球拍，使用海绵球拍，因而加快了进攻的速度。这种新打法，比速度慢旋转弱、攻击力差的防守型打法先进。日本运动员的这种正手攻球，力量大，速度快，配合威胁性较大的反手发急球抢攻，在第19届世界锦标赛中一举夺得4项冠军，从而打破了欧洲运动员的垄断地位。

这一时期举行过7届世界锦标赛（19—25）共产生金牌49枚，日本选手夺走了24枚，占总数的49%。在25届世界锦标赛上，日本运动员到了高峰状态，获得了7项冠军中的6项，仅男单冠军被中国的容国团夺得。

第三阶段（1960—1969），中国直拍近台快攻打法崛起世界乒坛。在

50年代日本称霸世界乒坛的时候，中国也开始登上世界乒坛。通过参加几届世界乒乓球锦标赛后，中国队总结正反两方面的经验教训，在技术上保持快和狠的特点，训练上狠抓基本功，加强了速度和击球的准确性和变化性的训练，提高了对削球的拉攻技术，逐渐形成了以"快、准、狠、变"为风格的独特的直拍近台快攻打法。在1961年第26届世界乒乓球锦标赛中，中国队既过了欧洲的削球关，又战胜了远台长抽加"弧圈球"打法的日本选手，第一次获得了男子团体世界冠军，并连续获得第27届、28届男子团体世界冠军，震撼了世界乒坛。中国近台快攻的优点是站位近、速度快、动作灵活、正反手运用自如，比日本远台长抽打法又向前发展了一步。

第26—28届世界乒乓球锦标赛中，共产生金牌21枚，中国运动员夺得11枚，占总数的52%，这说明，60年代中国乒乓球的技术水平，位于世界乒坛最前列。

第四阶段（1970—1987），欧洲的复兴、欧亚对抗。在亚洲，特别是日本和中国的乒乓球运动正在向前发展，技术水平处于世界领先地位时，欧洲乒乓球选手一直处于探索和动荡之中，他们从失败和挫折中总结经验教训，学习并发展了日本的弧圈球技术，吸取了中国近台快攻打法的优势，创造了适合他们的以弧圈球为主结合快攻和以快攻为主结合弧圈技术的打法。前一种"弧快"即以弧圈球为主，结合快攻，以匈牙利的克兰帕尔、约尼尔来为代表；后一种"快弧"即以快攻为主，结合弧圈球，以瑞典的本格森、波兰的格鲁巴为代表。上述两种打法的特点是旋转较强、速度较快，能拉能打，低拉高打，正反手都能拉弧圈球，回球威胁性较大。他们把旋转和速度紧密地结合起来，把乒乓球技术又推到一个新水平。

70年代以来，我国近台快攻打法也有一定的提高和发展，如创新了正、反手高抛发球，发展了推挡技术中的加力推、减力挡和推挤弧圈球，增加了正手快拉小弧圈，正手快带弧圈球等新技术。这些新技术在历届世界锦标赛中显示了一定的威力。另外，我国直拍快攻结合弧圈球打法，也取得了较大成绩，削攻结合和以削为主的选手，较好地掌握与运用了两面不同性能的胶皮，在发球、接球、削球、拱球与挡球的技术方面，有所发展和创新，也达到了世界先进水平。我国直拍快攻结合弧圈球打法，近年来加强了正手攻球的力量和反手技术的基本功，在一系列的国际比赛中，也战胜了不少著名的欧洲选手，取得了良好的成绩，在31届至39届世界锦标赛中，中国队共获得42枚金牌（有7枚男团、7枚女团、5枚男单、3枚男双、6枚女双、7枚混双），占金牌总数63枚的66.6%。

第五阶段（1988—1998），进入奥运时代，欧亚竞争更加激烈。1988年乒乓球被列入奥林匹克运动会的正式比赛项目，这大大推动了世界乒乓球运动的进一步发展。世界各国尤其是欧亚乒乓球强国更加重视乒乓运动的普及和提高，而中国男队在汉城奥运会和第40、41、42届世界乒乓球锦标赛中痛失团体冠军，就足以说明长期处于主宰地位的中国乒乓球选手正在被欧洲选手所取代。欧洲人已冲破了亚洲人前三板的技术优势，正以凶猛的弧圈球和中远台顽强的相持能力拼杀于世界乒坛。此后，中国队并没有示弱，再次发挥自己的特长、在快速、旋转、变化上狠下功夫，并又革新技术，发明直拍反打，初建成效，在43届世界乒乓锦标赛中再次辉煌，继36届之后又夺得7块全部金牌，使乒乓球技术又出现一个高潮。

根据乒乓球运动的发展规律，速度、旋转、准确、攻击、变化这五种制胜因素是相互制约的，可以预见，乒乓球的各种打法还会不断充实和完善，技术将更加精益求精，运动员将力争积极主动，在加快速度、加快旋转和加大力度方面下工夫。今后还会出现一些新的技术和新的打法，但是技术向着快速方向发展是总趋势中的一个重要方面。速度已成为制胜的核心。在当今弧圈球时代，速度加旋转将会结合得更好，弧圈球技术和反弧圈球技术将在相互制约、相互斗争的矛盾中不断发展提高。力争主动、先发制人、争取前三板发挥出个人技术持长，是各类打法的另一个趋势。削攻打法在比赛中要增多进攻成分，利用两面不同性能球拍搞旋转变化、伺机抢攻等。各种技术都要在"旋转、攻击、变化"上下工夫，争取主动。

推攻和两面攻打法，除加快进攻速度外，还会进一步提高正手反打的威力，力争更全面的掌握技术。在此发展趋势下，欧亚竞争会更加激烈，把乒乓球技术推向新高潮。

中国乒坛的神话

自1959年多特蒙德第25届世乒赛容国团首夺男子单打冠军，到1999年第45届世乒赛，在长达40年的时间里，中国男女乒乓健儿在参加的19届比赛上，夺得了总共126个冠军中的83.5个；若再加上奥运会和世界杯等重大国际赛事，中国运动员所获得的世界冠军数已达109.5个，人数则已百余！

40年长盛不衰的历史，铸就了不屈不灭的乒乓魂。

1958年，一个刚从香港回到内地的21岁青年，在广东省体育界的一次大会上，发出了豪迈誓言："人生能有几次搏？我要为祖国夺取冠军！"喊出这口号的人，是个被肺结核病困扰的年轻人，他的名字叫容国团。

好心人私下里对他说："你的壮志可嘉，但这样表态会被动，万一实现不了，将贻笑于世。"容国团却以为："为国争光，此其时也。我之所以要公开表态，就是要拼尽全力，不留一点退路，不拿下世界冠军死不瞑目！"

艰苦的环境并未丝毫减低人们的苦练热情。每天运动员除了要上千次地挥拍击球，还坚持进行数千甚至上万米的长跑锻炼。容国团为了练好臂力，竟常将20公斤重的铁块挂在自己清瘦的躯干上，然后攀上双杠一次次地做着双臂屈伸。

信念是奋斗的动力，更是迸发勇气的源泉。即便是在别人眼里可能被看成弱者的人，当他具有坚定的信念和与之伴生的强烈责任感后，那奋斗的激情也会燃烧出如火山爆发般的能量。

果然，并没有等到原来所预期的三年，就在一年后的第25届世乒赛上，容国团便连闯七关，第一次在勃莱德杯上刻上中国人的名字。

在1979年平壤第35届世乒赛上，中国男队第一次全部丢失了团体、单打和双打金牌，只剩下混合双打"一条裤衩"。

从1971年的第31届世乒赛起，中国乒坛上便出现了两个人们常挂在口头上的词汇——"狼来了""如履薄冰"。"文革"中几年中断训练，长期与世隔绝的经历，便是产生这两个词汇的背景。而与中国队的停滞形成鲜明对照，欧洲人乘机分外骁勇地冲了上来。

如果人们理解了中国乒乓人那纯洁的灵魂、高尚的情操，便绝不会怀疑他们那崇高的理想、远大的志向究竟能不能实现；更不必担心有什么艰难险阻会挡住他们的去路。就在跌了一跤之后的两年，中国队不仅重新站了起来，而且在第36届世乒赛上创造出了囊括七项冠军的辉煌纪录。

1961年4月14日，第26届世乒赛的最后一项颁奖仪式刚刚举行完毕，国务院总理、国家体委主任贺龙元帅便把体委有关领导和乒乓球队的负责人召集在一起，他说："26届比赛结束了，但继续战斗的思想不能结束。现在我们已成骑虎之势。骑在虎背上，绝不能下来！我们要保持清醒的头脑，看清我们的乒乓球已成为众矢之的，绝不能掉以轻心，要立即准备夺取下一届的胜利。"

从那时起，"从你走下冠军领奖台那一刻起，你就已不再是世界冠军了"，这句话成了中国乒乓球队人们永恒的座右铭。

许多年来，乒乓球队对新队员进行入队教育的第一课，便是带领他们观看中国队历次夺得世界冠军和外国人从我们手里夺走冠军时的所有影片与录像资料。一年年下来，那胶片与磁带的长度在不断延展。从其中既可看到上百位历代中国乒乓人获胜时的喜悦笑脸，又能看到当面对别人站在比我们更高一级台阶时，他们的欣喜若狂与我们的怅然若失……这不含有任何说教内容的"开场白"，其实正是在告诉每个人新人肩上的重大责任。

1961年春季的一个晚上，香港伊丽莎白体育馆里，正进行着一场乒乓球比赛。

看台人声鼎沸，观众不是在为来做客的日本队叫好，而是对主队香港队的表现发着嘘声：在当地大名鼎鼎的冠军胡国海，怎么球拍一碰日本队员轻飘飘打过来的球，那球便像长了翅膀似的往天花板上蹿？

面对此景，观众席上一位特地戴了副平光眼镜的远方来客却在暗自欣喜："哈哈，这弧圈球的模样果真神奇，使对此着儿毫无提防的对手日本女队一败涂地地输了个0∶3。"

第44届上，丁松再次成了蔡振华手中不用派上场的奇兵，原本也想出一出奇兵的瑞典队教头大卡尔松又尝了一回中国人智慧的苦头……

手握着适应发展潮流、具有雄厚实力、充满智慧光芒的倚天之剑，中国乒乓球何虑不能常胜于天下？!

1960年11月，中国乒乓球队从来访的匈牙利队员口中，得知日本队新发明了弧圈球。如何对付它呢？队内的胡柄权、薛伟初等老队员挺身而出，表示自己宁愿放弃参加世乒赛，也要练会弧圈球。当时，中国队还没有谁见过这种打法，可以参考的也只有几篇日本期刊上的文章。可胡、薛等人硬是靠苦钻苦练，在短短几个月里搞出了个究竟，为中国队在第26届上夺冠立下汗马功劳！

这就是中国乒乓球界诞生的第一代陪练员。几十年来，陪练员换了一茬又一茬，每茬人都始终遵奉着祖国利益高于一切，无私奉献的信念。

模仿外国名手、男帮女等陪练制度的建立为中国乒乓球的称雄于世，提供了有效物质保障。

多少年来，陪练员一直被大家誉为是"闪光的铺路石""攀登高峰的人梯""走在世界冠军前面的人"，在精神和物质上他们也享受了应有的待遇。

　　陪练制度同样是外国人想学也无法学的中国队独有优势。每当外国选手向中国队投来羡慕的目光时，正同台练球的主、陪练中国队队员们便不得从内心涌出无限豪情。外国的某几位强手永远不可能战胜我们中国队，这就是中国的乒乓群体所拥有的无法比拟的优势！

　　如果把一座座金杯、一块块金牌形容成是丰硕果实，那中国乒乓球队的集体就是生长哺育这些果实的大树。大树根深叶茂，才有果实累累。

　　而这棵大树的茁壮成长，又是经过那么多人的辛勤努力。第26届世乒赛后不久，周总理特地请乒乓球队队员们到他家做客。吃饭时贺龙同志向总理介绍刚获得我国第一个女子单打世界冠军的邱钟惠，总理笑着对邱钟惠说："你和匈牙利选手高基安决赛的那天，我正在昆明。你和高基安的比分，我让秘书打电话问了。我给你算了一下，5局加在一起，是96比98。论总比分，你还输了两分呢。"

　　邱钟惠吃惊地说："哎呀，我自己还没有算过呢！"

　　周总理语重心长地说："所以，胜了，也要看到自己的不足，要尊重失败者。希望你不要骄傲，论技术，你还不如高基安。"

　　从此，永不自满，"胜利了更要找差距"，就成了乒乓球队人人严格遵守的准则。而正确地对待强与弱、胜与负这些球场上每日每时都会遇到的问题，更被他们赋予了辩证的哲理、深广的内涵。

　　60年代初，曾获单打全国冠军的女运动员胡克明第一次提出了"胜不骄、败不馁，打出水平，打出风格"的口号。荣高棠同志指出，这个口号既是鼓舞运动员尽最大努力去实现比赛目的，又不要求他们做超越客观可能的事；不以成败论英雄，而要做到"赢球又赢人，输球不输人"。

　　徐寅生同志则从明确打球的目的，不要以个人得失为出发点考虑问题的角度，于1964年提出了"胸怀祖国，放眼世界"的口号，并主张运动员要思想过硬、技术优秀、眼界开阔。

　　在1965年第28届世乒赛女团决赛上，林慧卿鼓励队友说："我们2∶0领先要当0∶0打。"从此，乒乓球队里又诞生了另一个响亮的口号——"一切从零开始"！

一个个内涵无比深厚的口号，如今早已牢印在乒乓健儿乃至全体中国体育健儿的心中。它们是中国乒乓人奉献给祖国和人民的另一笔宝贵财富，也是中国乒乓球运动这棵参天大树永远繁茂的沃土之根。

闻名于世的古巴女排总教练

欧亨尼奥曾任古巴排球协会副主席兼女排总教练，并再次当选为1987年世界明星女排联队的首席教官。欧亨尼奥是中国人民的老朋友，1961年曾作为古巴人民首批体育使者来华学习访问，嗣后又七次访问过中国。1987年中古交战6场，古队5胜1负，而在各大洲的邀请赛、对抗赛、热身赛中，古巴队曾赢得连胜30场的辉煌战绩。对此欧亨尼奥不露声色，表情冷峻，他的两眼紧紧盯在"五连冠"的中国女排身上。迄今为止，欧氏只说过一句稍露锋芒的话："在古巴队没有打败过中国队之前，中国队仍是世界上最强的队伍。"他期待着奥运会决战的来临，他盛赞中国女排的心理稳定和技术全面，他亦在仔细地观察着中国女排三位新教练的气质与风度……

他双目炯炯，气宇轩昂，除了鬓角上几根银丝，真叫人看不出已年逾五旬，他彬彬有礼，温文尔雅，俨然一副学者风度，他执著事业、专心致志，从来不抢新闻镜头，却蜚声排坛。欧亨尼奥·赫奥尔赫是古巴体育学院的首批学员，他曾作为古巴男排的主力队员在球场上奋战十余年，1971年退役，被任命为古巴女排主教练。

在古巴——这个以棒球和拳击为传统的国度，要想冲破世俗树起女子排球大旗并非易事。60 年代以来，苏联和日本女排在世界排坛上长期轮流"坐庄"，而古巴女排起步晚，基本功较差。面对这些事实，欧亨尼奥知难而进，他起用了清一色的黑人选手，以大强度训练和比赛实战相结合为指导思想，发挥队员超群的弹跳力，驾驭网上控制权，吸收亚洲快攻和移动灵活的防守战术，加上凶猛凌厉的上手"砍式"重飘发球，三者并施，以攻带守，形成了古巴女排独特的力量型打法。经过 7 年努力，终于在 1978 年摘取了世界女排锦标赛的桂冠，结束了苏日女排长期称霸的局面。外电纷纷以头条新闻评称"欧亨尼奥刮起加勒比海狂飙"，"古巴女排赛场上犹如橡胶块般越蹦越高，令对手难以招架"，"黑旋风席卷了女排世界"云云，因此"黑色橡胶"变成了古巴女排沿用至今的代称。

然而捧杯荣归的古巴女排却好景不长，没多久主力队员佩雷斯因伤停训，波玛雷斯和乌尔赫列茨又先后妊娠退役……大批球员的离队，使古巴女排在 1980 年、1981 年的两届世界大赛中名落孙山。但欧亨尼奥义无反顾，重组了一支年轻的新军，以 1988 年奥运会为目标，又开始了他第二个七年登顶的计划。这支新军人才济济，除奥法雷尔是唯一的白人选手外，其余 11 人均为黑人，平均年龄不足 19 岁。在 1983 年的泛美运动会上，她们一举击败了由海曼、格林、克洛克特组成的全盛时期的美国女排，拿到了进军奥运会的通行证。但因古巴政府抵制该届运动会，而失去了一次最高水平较量的机会。欧亨尼奥毫无懈怠，继续执行既定方针，又培养出一颗熠熠闪光的"黑珍珠"——米雷亚·路易斯。她 14 岁接受欧亨尼奥指导，17 岁便成了国家女排头号主攻手。1985 年 11 月，这支新军杀上世界杯战场，连克苏联、日本、秘鲁等劲旅，仅以 1∶3 负于"三连冠"的中国女排。只有 4 个年头，这第二批"黑色橡胶"就登上了世界亚军的台阶。欧亨尼奥被推选为世界明星联队的执教人，路易斯被评为世界杯赛最佳扣球手，卡波特获杯赛"敢斗奖"，她俩双双入选明星联队，卡波特并兼任联队队长，这也是对欧亨尼奥的荣誉嘉奖。

象征人生意义的排球

半夜就开始下的暴雨终于停了。

参加第15届日本排球联赛的日立公司队，为迎战电力公司队，在三重县的"新绿饭店"扎下了大本营。

1982年2月20日，这一天对日立队来说，意味着继4年之前夺标之后，第8次争夺冠军宝座。

这天早晨，江上由美醒得特别早，也许是因临近决战，心情异常兴奋，或者由于低气压半夜就开始下的那场冬季罕见的倾盆大雨，使得她有些不安。

"这场大雨能停吗？明天还这么下的话，要给来看球的观众添麻烦了！"

昨晚被雨声惊醒的江上，一边这么想着，一边又迷迷糊糊地睡着了。对江上来说，她要把4年来的心血（在这4年里，她的前辈们纷纷告老引退，她成了队里的唯一顶梁柱），在这一天结出更加丰硕的果实。

江上揉揉惺忪的睡眼，无意识地走到窗边，拉开窗帘。顿时，一股耀眼的阳光涌进屋内。

"啊！天晴了！"江上不由自主地大声叫道。

日立队终于第8次蝉联全国冠军。五颜六色的彩带纷纷飞向比赛场。队员们高高抛起教练山田和米田。江上禁不住热泪盈眶地说："谢谢！山田教练，米田教练，谢谢大家。"队员们又高高地抛起自己的队长。江上在40只手的抛动下，在空中飞舞，飞舞……

　　江上生于1957年11月30日，是父亲富芳、母亲登纪子的第二个女儿。在江上读完小学之前，全家一直住在东京都世田谷区。

　　江上爱上排球，是小学4年级的时候。当时，有一次，比她大一岁的姐姐理惠参加了在世田谷区体育馆举行的"少年排球赛"，江上也跟着一起去了，并且在一旁看着看着便学会了怎么打排球。姐妹俩年纪仅差一岁，加上江上天生一副倔强的性格，所以两人从小免不了要经常打打吵吵的。可是自从她俩喜爱上排球之后，便一下子成了令人羡慕的好姊妹。

　　有一次，年幼一岁的妹妹对姐姐说："理惠姐姐，哪一天让我和你参加一个排球队，在一起打球吧！"

　　"好哇！由美妹妹，你快快长大吧！"

　　可是，直到今天，两人也未能实现在一个球队并肩赛球的愿望。

　　在江上小学毕业后，一家人从东京都内迁到了东村山市，姐妹俩也一起进了当地的第五中学。毫无疑问，两人一起报名参加了学校的排球俱乐部。可是，当时正值日本国内掀起一股排球热，第五中心排球俱乐部的会员人数也早已超过了定额，无可奈何之下，俱乐部教练采取了"按年级组织排球队"的应急措施，姐妹俩只得暂时分开，各自参加了自己的所在年级的排球队。

　　"这次不行，以后就一起进高中队！"两人互相发誓道。

　　理惠先中学毕业，考入了都立小平高级中学。小平高级中学的排球教练斋藤佑仁是一位具有25年沙场经验的排球老将，曾培养出不少著名的排球运动员。江上也立志进入小平高中，她以小平高中为目标，发奋学习。功夫不负有心人，在高中入学考试中，江上终于如愿以偿，取得了名列前茅的优异成绩。

　　可是，命运总爱和人开玩笑，就在江上踌躇满志，等待升入小平高中的时候，一天她接到了一张意外的通知——"根据现行高中入学规定，请您升入市立东村山高级中学。"

　　江上沮丧不已。更使她感到心灰意冷的是，东村山高中里没有她所期望的排球俱乐部活动。

"我要打排球!"江上伤心地叫道。

1976年,江上进入了日立队。高中时代的江上,是高中队中数一数二的优秀排球选手,可在当时的日立队中,她只不过是一个毫无名气的新队员。当时的日立队阵容鼎盛,有不少选手是国内外享有盛名的排坛名将,曾作为国家女排成员参加过奥运会。江上期待着能有一天和这些排球名将一起,在赛场上挥臂击球,奋力拼搏。

机会终于盼来了。这个机会就是日本广播协会举办的由日立队、尤尼奇卡队、仓纺仓敷队和日本国家女排少年队参加的日本广播协会杯女子排球赛。当时,日立队中的9名奥运会选手,有4人已宣布引退,所以上场队员正有一个空缺。

"这个名额会不会……"在公布阵队员名单的当天,江上焦急地盼望着。

可是江上的愿望破灭了。担任国家女排教练兼日立队教练的山田,选定了另外一个队员金子佐知子,而且把江上临时转到了少年队。比赛采用淘汰制,少年队的第一个对手就是日立队,结果以3:15、0:15和11:15的比分惨败。对阵中,江上咬着嘴唇,羡慕地隔网看着金子佐知子在那些奥运会老将们的带领下,龙腾虎跃,猛扣猛打。金子打得十分出色,扣球得两分,拦网得一分,发球得一分,而江上只拦网得了一分。

输了!江上彻底地认输了,她从心底里服了金子。江上对这场比赛胜负本身并不计较,甚至是很淡然的。对一个运动员来说,这一点至关重要。输给了对手就必须虚心坦率地承认,并在今后以超过对手成倍的力气刻苦磨练,提高球艺,以使自己获得第二次飞跃,最后战胜对方。江上做到这一点,她时刻铭记着高中时代排球教练岩本经常对她说的"排球象征着人生"那句话。岩本教练的话是这样的:

"排球被砸在地上,被汗水淋湿的手随意扣打,并且有时被遗弃在球筐里无人问津,可它总是一声不吭,仍然圆圆鼓鼓地充满弹力。人生中也会遇到各种各样的曲折。但由此暴躁莽撞，或者悲观失望，那就永远一事无成。只有怀有一颗像排球一样充实的心，那么成功的日子就为期不远了"。

机会再次来临。日本广播协会杯女子排球赛结束后两星期，日立队和亚西卡队在山口市举行排球表演赛。金子仍然是日立队的上场队员。可不知怎么的，这一天金子的技术发挥得不正常，和二传手的配合失误甚多，甚至在后防时，连一般的球也接不好打出界外。山田教练忍耐不住了，把江上换上了场。听到教练的命令江上乐得手舞足蹈。这可是和奥运会金牌获得者一起赛球啊！江上打得十分顺手，拦网频频得分。进日立队后学会的 A 号快战术也连连奏效，球一个个漂亮地从对方拦网手的指尖上越过，落在地上。

"干得好，由美！"

"再来一个！加油啊！"

山田和米田在一旁不断地鼓励江上。江上更是精神抖擞，频频攻击，越打越勇。最后，日立队连胜三局，击败亚西卡队。

江上沉浸在胜利的喜悦之中。在返回东京的新干线列车里，她耳朵里传来了更令她兴奋的一句话——山田对米田说："由美今天打得不错，有希望参加全日本排球锦标赛。"听到这话，江上心里别提有多高兴了，这时，江上进日立队刚满6个月。

全日本排球锦标赛是江上第一次参加的全国性的正式排球赛。在这次锦标赛上，日立队势如破竹，所向无敌，一举夺得冠军。特别是与久光制药公司队对阵的那场决赛，江上大显身手，战绩赫赫，扣球得两分，拦网得七分，发球得一分。之后，在第10届日本排球联赛上，江上又以她高超精湛的球艺赢得了"最优秀排球新人"的荣誉，从此名扬全国。

"由美，你被选入国家女排了！"

1977年的一天，山田教练兴奋地告诉江上。江上不敢相信自己的耳朵，因为直到昨天，江上心里还充满了焦虑。当年，世界杯女子排球赛首次在日本举行。在"必定胜利"的口号下，已引退的三位奥运会金牌获得者白井贵子、松田纪子、前田悦智子重又回到了国家女排。尽管这是一件好事，可江上却不由感到不安起来："排球前辈们重返球场，可就轮不到我出阵了！"这也是江上作为一个排球新手为自己不能亲自为国争得荣誉而感到的一种悲伤。正因为这样，当听到这个消息时，江上呆住了，就像高中时代听到自己亲爱的父亲去世的噩耗那样。

第二天，江上看了报纸才真正相信了。报纸这样报道：

"1977年世界杯女子排球赛，是自东京奥运会以来在日本举行的最盛大的国际比赛。这次比赛，对在蒙特利尔奥运会上夺得女排冠军的日本来说，必须绝对地赢得胜利；同时，鉴于国内排球热日益高涨，我国采取了尽可能地从众多的排球队中选拔优秀选手的组织方针。"

尽管自己的名字被排在名单的最后，可对江上来说，这四个字却最清晰地跳入了眼帘。

"爸爸，看呀！快看呀！有我的名字了！……"江上真想跳起来大声喊叫，但她按捺住这激动的心情，默默地在心里向亡父富芳倾诉衷肠："爸爸，您要是还健在的话，该会有多高兴啊！您是多么盼望我有一天能代表日本参加奥运会啊！我一定努力地干！我现在虽然还不是奥运会选手，但通过参加这一次世界杯排球赛，认真学习世界第一流选手的高超球艺，三年之后，您的愿望一定能实现！"

江上百感交集，喜悦、伤感、昂扬……一齐涌上心头。

转眼间，过了6个月。在国家女排集训的开始阶段，江上被编在B队，还是预备队员，但就在临近比赛的两个星期前，她被选入了正式上场队员名单。当然，在这期间，江上不知在球场上洒过多少汗水。现在她成了主力队员，与她一同上赛场的有白井、松田、前田等老将，她们都是奥运会金牌的获得者。

"能和这些第一流的前辈一起参加比赛，真是太幸运了！到时候，我只要紧紧跟着她们干就行了！"江上感到一种无比的幸福。

可是，随着大赛日期一天比一天近，江上却渐渐地感到有一种不安，心情变得沉重起来。她想，这些排球前辈们在第7届世界女子排球锦标赛和蒙特利尔奥运会上为日本赢得了荣誉，这一次又决心要在世界杯女子排球赛上夺魁，使日本队成为世界女子排球史上第一个在三类国际排球赛上夺冠称雄的"三霸王队"。我还是个初出茅庐的新手，要是在比赛中拖了日本队的后腿，那该怎么办呀！要是因为我比赛时失误丢分，日本队输了，我还有脸见人吗？

江上整天愁眉不展，过分的担忧使她的脸色变得苍白。她甚至憎恨起山田教练来，埋怨山田不该在这时起用她。

1977年世界杯女子排球赛于当年11月6日正式开幕，于11月8日揭开激战的序幕。

第一战，对匈牙利队。

第二战，对美国队。两战日本队均以连胜三局的比分大获胜利。在讲究协同作战的排球比赛中，最能发挥自己特长的就是发球。因为发球无需借助任何人的力量就独自得分。在这两战中，江上发挥得最出色也就是发球，和扣球、拦网的得分数一样，发球共得了5分。

第三战，迎战中国队。这一场比赛，山田改变了阵容，换上4名预备队员。因为山田认为，在不久的将来，争霸世界排坛的必定是日本队和中国队，所以在前两场比赛已初战告捷、日本队取得了决赛资格的情况下，与其在预赛中以最佳阵容取胜中国队，不如让年轻的新手们出阵作战，磨炼一番、培养她们战胜中国队的自信。

年轻选手毕竟经验缺乏，球艺欠佳，在中国队的频频强攻快打下，日本队最后以2：3败阵。

可怕事情的开端往往就萌发于这样的时机。从1977年世界杯女子排球赛的最后结果来看，日本队输的这场球似乎丝毫不影响全局，但是从以后的整个世界女子排球的发展来看，中国女排从此产生了巨大的自信力和对抗力，导致中国队以更加迅猛的速度超过日本队。

日本队以预选赛A组第二名的成绩进入决赛。决赛的第一场比赛首战古巴队。古巴队曾在当年春季来日访问比赛，把日本队打得苦不堪言。

比赛前，江上观察了白井的脸，只见她神情异常严峻，和那天在房间里打趣地说自己的脸长得滑稽时的爽朗表情，判若两人。

"嗯！这就是运动员临阵决战时的表情吧！"江上暗暗思忖。

比赛哨声一响，白井就像一头扑向猎物的狮子一般，猛打猛拼起来。在白井老将带领下，大家也奋勇拼斗。江上更是不甘示弱，全力以赴，技术发挥相当好，结果同古巴比赛出人意料地获得胜利！

短网球与小篮球

在法国世界网球公开赛上，16岁金发小女莫尼克·赛雷斯，仅用28分钟战胜了世界女子网坛头号选手格拉芙，而成为历史最年轻的夺冠者。她登上职业网坛仅一年，在这一年的网球赛季上，这位满脸稚气的南斯拉夫小姑娘以不失一局的战绩，包揽了她所参加的32场胜利的最高纪录。人们称她是"百年大赛"一小丫。这位小丫的成功经验，最主要一条是"从小抓起"，系统的科学训练。世界上各国都早有这方面经验，只不过是各国都有自己的高招。其中令世人瞩目的是儿童少年的短网球和小篮球活动。

布朗不只是锦标赛的主任，还是国家网球协会的官员。8年前，他把短场地网球引进英国。1983年，有480名球员参加了比赛。今年，参加球员最多达到了3000人。目前在英国有10万人参加这一运动，有10个学校开设此课。

短网球运动是小型的。小球拍、低网、短场地，黄色泡沫球，它的目的是培养年幼的球员，将来成为像格拉芙、博格那样的优秀网球运动员。

短网球赛的时间也短。先打到11分，或超过对手两分赢球。球赛10—20分钟。布朗说："我尝试去做的是让小选手参加这一运动，并促进这项运动。如果孩子们看世界杯足球赛，他们便会脱去衣服，很快学着英国球星基岗的样子踢球。可孩子们看温布尔顿网球大赛，却模仿不了麦肯罗和克瑞斯·依夫特（Chris Erert）。因为球场太大，球网也高，球拍很沉。网球运动需要找到一条能够补充后备球员的道路。而短网球运动确是一条培养未来英国球星的一条最佳道路。

培养年幼的网球运动员，网球协会强调的是乐趣，而不是竞争。孩子的父母经常受到提醒：一旦小选手痛恨自己的对手，便大错特错。

每个短网球的组织者都是社会道德、心理学家，他们认为，竞争有害于儿童。按照政府的标准，对儿童的训练强度，都经过认真的研究。

草地网球协会主席波斯理和夫人，为48名6—7岁的孩子办了一所星期六短网球学校。他说："你不可能远离生活中的竞争。孩子们在简单的辅导后，能从来回对打中得到乐趣。"

保持8年英国戴维斯杯冠军的哈钦斯（Paul Hutchins）看了他8岁女儿的球技后说："当今这些14岁以下的孩子在球技上，已经远远超过16岁到18岁的孩子。"

这些孩子们将来是温布尔顿网球赛冠军吗？英国草地网球协会确实希望如此。

这是比赛中决定胜负的关键一分，福斯特用手背抹了眼泪，另一只手握着球拍，重重地敲在地上。

再拿下一分，他就能成为8岁以下国家短场地网球决赛的冠军。旁边15个球场都安静下来，每一个球员都停止击球，所有注意力都集中在他身上。

福斯特和他的对手阿提里，通过了从英格兰、苏格兰、威尔士来的3000名选手的初赛，又通过了相当于温布尔登短场地网球中心的复赛，这是120名球员比赛的决赛。

锦标赛的主任布林克对福斯特说："你在这儿，打得非常好，得第一名是你今天最快乐的事情。"听他说话的小网球运动员们，穿着小网球鞋，身穿网球裤，有的头上梳着马尾巴，不少人还跷着二郎腿。

布朗常对孩子们说："不管输赢，只是为了计数玩。"即使孩子们没赢一场，一天结束后，仍能得到一枚特别的奖牌和一顿别致的晚餐（鸡、汉堡包、香肠、果冻、水果、冰淇淋）。

最早的一次国际小篮球活动是在1970年，那时在西班牙马德里组织了"第1届世界小篮球学习班"。现任国际篮球委员会（国际篮球联合会的一个机构）主席洛佩斯就是那次学习班的发起人。

1972年7月，在西班牙阿尔梅里亚举行了第1届国际小篮球比赛。比赛的指导思想是："让来自各国的孩子们友好相处、相互了解、共同练习和切磋球艺、通过交谈，丰富知识……"西欧也是开展小篮球活动比较好的典型地区，其中开展得最活跃的国家要算瑞士。瑞士全国小篮球锦标赛的规模逐年扩大，全国锦标赛分两个组进行，一个组是8—10岁，另一个组是11—12岁。

在东欧，罗马尼亚把小篮球比赛列入了"达契亚达"全运会比赛项目中。此外，在布加勒斯特、克拉约瓦、梅迪亚什、康斯坦察、蒂米什瓦拉、萨图马雷和皮特什蒂都举行了地区小篮球赛。在康斯坦察的全国联欢节上，有120个小篮球队集中在一起比赛，其中有70个女队和50个男队。罗篮球协会发动了一个在全国小学校普及小篮球的运动。它采取了一些有力措施，如分发小篮球、张贴宣传画、散发小册子并制作了小篮球纪念章。在捷克斯洛伐克，在俄斯特拉发举行的第2届全国小篮球赛，有900名男女儿童参加了比赛。

在亚洲和非洲，小篮球运动正在进行中。非洲达喀尔举行的"青年和文化节"上，有624名男女儿童参加了小篮球赛，比赛在伊巴·巴尔·迪奥普体育中心的10个场地上同时进行，吸引了成千上万的观众。

体坛"巨人"篮球诞生

一项人类前所未有的运动，从它诞生之日起，便从美国的游戏场角落，大踏步地跨越了一个多世纪，走遍了全世界，这就是体坛"巨人"——篮球。

美国，经过1775年至1783年的独立战争，获得独立，又经过1861年至1865年南北战争，完成了资产阶级革命，从此美国开始成为后来居上的资本主义国家。随着资本主义的初期发展，美国的体育逐渐兴盛起来，其中，球类运动更加活跃。美国在19世纪后期，各地纷纷成立许多球类活动俱乐部，那里时常举行棒球、橄榄球、曲棍球等球类比赛。美国东北部马萨诸塞州春田市，是个景色秀美的花果之乡，盛产桃子。当地少年儿童在桃李飘香的季节常欢聚在一起，将球投向桃筐，互相比赛。

那时，美国有一个宗教组织，名叫基督教青年会。为了吸引青年参加该会活动，比较重视体育锻炼。春田市（斯普林菲尔德）基督教青年会体育训练学校体育教师詹姆士·奈史密斯（1861—1939）原是加拿大人，毕业于普林斯顿神学院，他受系主任卢瑟·格里克的委托，设计一种冬季的室内球类游戏。要求这种游戏要消除室外游戏中野蛮碰撞和各种粗野行为，还不能用脚踢。他经过对室内游戏详细观察和研究，特别是受到少年儿童将桃子向桃筐投掷的启发。终于在1891年，发明了篮球运动。

最初的篮球运动，不过是把两只盛桃子的竹篮钉在墙上，两个队相互争夺，竞相把球投入竹篮。

1892年，奈史密斯博士又制订出最原始的13条篮球规则，使篮球运动走向正规化。这13条规则的基本部分一直实行了半个世纪。这套规则大体可归纳以下几个方面：

必须有一个大而轻，可以用手控制的球；不准带球走；任何时候都不限制两队中任何运动员获得比赛过程中的球；两个队占有同样区域，而运动员之间无任何个人接触；球篮是两只竹篮，水平安装在运动场两端10尺高地方。

当时参加篮球游戏的人数没限制，根据场地大小而定，人数最多时曾同时在场50人。

这项运动最初用球，是以足球代替的。初时比赛中投中一个球得3分，犯规（如推、踢人）罚球中3个得1分，罚球时可选投篮最好的队员主罚。因此，历史上出现过一名球员在一场比赛中罚球投中84个球得28分的事例。

这项新颖的球类运动从开始就得到了学生们的喜爱。他们打算把篮球命名为"奈史密斯球"（像高尔夫球一样），但奈史密斯博士坚决不同意，于是就命名为"篮球"。

不久，很多地方和学校纷纷来信，要求提供篮球运动具体情况、规则和组织细节。1892年，春田体育训练学校部分高年级学生毕业，到美国各地基督教青年会和国外一些机构任职。于是篮球运动开始在美国和国外广泛传播开来。

1904年，在美国圣路易举行第3届奥运会，美国组织了若干城市之间篮球表演赛，又进一步扩大了这项运动的世界影响。在1936年的第11届奥运会上，国际奥委会批准了将篮球正式列入竞赛项目，消息传到美国后，引起了很大反响。为了能让篮球运动创始人詹姆士·奈史密斯博士能够亲自参加这次在篮球发展史上具有重大历史意义的盛会，美国各地组织了各种形式、各种名目的篮球比赛，把门票收入的十分之一捐给奈史密斯博士，作为他去德国参加奥运会的观礼经费。就这样，奈史密斯偕其夫人赶到柏林，出席了第11届奥运会开幕式的观礼活动，并亲自为奥运会篮球比赛开了球。男子篮球第一次出现在奥运赛场上。当时赛场在室外，篮球架是铁支架。

从此以后，历届奥运会组委会都邀请奈史密斯博士参加观礼活动。

篮球运动自1918年被创立后，立即显示出极强的生命力和非常重要的体育锻炼价值，随即得到了全世界人民的欢迎和热爱，不论男女老幼、士农工商，莫不被这有趣而新奇的运动项目所吸引。1932年6月18日成立的国际业余篮球联合会，至今已拥有176个国家或地区会员的支持。篮球运动吸引着世界上越来越多女性投入其行列。1953年创始了世界女子篮球锦标赛。1976年第21届奥运会上女篮被正式列入比赛项目。

60年代以来，世界篮球运动迅速发展，涌现出许多优秀球星。其中，美国职业球员张伯伦，被公认为六七十年代最佳投篮手，他曾在一场比赛中，创造个人独得100分的最高纪录。篮坛最高选手喻萨博尔（苏丹）身高2.62米，他一举手就超过篮圈60cm，因此每场比赛都独得30—40分。

我国篮球运动开始于1896年。当时奈史密斯博士所创建最早的篮球队中锋——蔡乐尔先生来到中国，曾担任天津市基督教青年会体育部主任，并担任前三届远东运动会中国篮球队指导。第一个球场就设在天津基督教青年会院子的后面。我国第一次出国访问的男篮是"中华队"，以上海队员为主，1929年赴美比赛。第一次出国访问的女篮，是上海两江女子体专的"两江队"，1931年赴日本、朝鲜访问，取得全胜。我国首次获国际赛冠军，是在第5届远东运动会（1921年）中国队以32：27胜菲律宾，以32：28胜日本获冠军。

揭开"NBA"的面纱

凡看过美国职业队（NBA）篮球比赛的人们，无不为球员们那天下无人匹敌的精湛球艺叫绝，使人们真正领略了篮球运动的无穷魅力。

据说美国近100万从事篮球运动的人当中，竟有10万人接近达到具有参加奥运会比赛水平。从1936年第11届奥运会男子篮球被列为正式项目以来，以大学生为主的业余球员组成的美国奥林匹克队，在迄今为止连续13次奥运篮球赛中，共10次登上冠军宝座，而NBA更是集中了全美篮球运动员中的精华。在近100万名篮球选手中只有324人才能跻身职业队。

苏联国家篮球队（男子）是获得世界冠军次数最多的球队，国际篮联近年来改善了一贯做法，于1987年10月25日特意安排苏联队与美国密尔沃基"雄鹿"队进行一场比赛，这也是第一次世界冠军队和美国职业队交锋。尽管密尔沃基雄鹿队在国内战绩平平，但这场比赛，还是以127∶100的比分轻取苏联队。

美国职业篮球长期保持高水平，奥妙何在呢？

当今世界篮球正朝着高速度、高强度、高空技术方向发展，而美国职业篮球已在这些方面遥遥领先。当今职业篮球比赛中，单纯讲究技巧的球员，已无立足之地。教练员在训练中非常严格，强度大、质量高，不允许有丝毫松懈和马虎。如谁违反，即使是名球员，照样被教练狠狠训斥或停止训练，甚至"炒鱿鱼"。当队员受伤时，如果不影响站立，就必须站着看训练。由于平时一丝不苟的训练，造就了美国职业队在比赛场上那大刀阔斧、勇猛无比的攻防，行云流水般的配合，势不可挡的扣篮，以及杂技般的高超球艺。在职业篮球比赛中最能体现高超技巧的当数扣篮和盖帽技术。据统计，NBA队在每场比赛平均出现扣篮14次，盖帽10次。

人皆叹曰：前无古人，后无来者！

杀戮过后，杰克逊带着第6个战利品离开公牛队。

一到千钧一发之际，乔丹、皮蓬退路全无，便破釜沉舟。

谁曾想，皮蓬倒地腰扭，乔丹痛失"左膀"，无奈孤军奋战。

杀至最后1分钟，乔丹两次罚球将比分追成83平。

不料斯托克顿又在终场前41.8秒突施冷箭，公牛反落后3分。

乔丹只得孤注一掷，切入篮下，竟然得手，这时只有一分之差。

爵士得球，马龙刚拍两下，乔丹便偷袭得手。

乔丹持球狂奔，直驱爵士城门，虚晃一枪，跳起投篮，竟然反超1分！此时距终场仅剩5.2秒。

大局已定，爵士回天乏力。

美国职业篮球队的高水平，还得益于它的竞赛制度、规则、裁判判罚尺度以及运动员选拔原则。

NBA联赛每年一次，从10月份开始，至次年6月末。联赛分两个阶段。初赛阶段对29支球队之间相互交锋，计算积分。积分排在前16名的球队进入复赛阶段。复赛分东部和西部两个地区进行，采用淘汰制。第一轮和第二轮为5场3胜制。东西部各决出两支球队，而后，用7场4胜方法确定参加年度决赛队。决赛仍采用7场4胜制。获胜者即该赛季的美国篮球冠军。

除了NBA联赛外，每年5月还进行一次全美明星球赛。全明星赛打破球队限制，由专家和公众确定参赛阵容。首先由专家提出东部队和西部队各5名人选，然后再由公众投票方法确定两支球队另外7名队员。全明星赛和NBA一样，已经成为深受人们喜爱的"篮球狂欢节"。投篮和扣篮大赛则是"篮球狂欢节"，在每年年初举行。明星们各自施展绝技，常常令人叹为观止。

美国的高中和大学都有各自的篮球队，队员逾50万，这些球队每年参加各种篮球联赛。职业篮球明星是从他们中产生的。NBA联赛采用的比赛方式同世界各国都不同。一场比赛打4节，每节12分钟。NBA为所属29支球队遴选新队员的方法是联赛质量的重要保证。1985年之前，全部运动员都从大学生和毕业生中选拔，近些年又吸收了个别出类拔萃的外国运动员。

29支球队每年各队补充7名新手，一共是203人。这203人由专家们统一选定，还需进行必要的考试。任何想用不正当途径钻进职业队的人均不能得逞。

为了使各队水平均衡发展，前一个赛季成绩最差的球队首先挑选队员，冠军队最后一个挑选。这种补充新队员的方法，保证了29支球队中没有一支掉队。

篮球大战也是美元大战。美式足球、棒球和篮球被称为美国三大球。进入90年代以来NBA商业特征越来越浓，任何一支球队都是为金钱而努力。在美国NBA走红的球员，都是名利双收居多。这对篮球在美国的发展起了很大刺激作用，不少人都看上了打篮球这个行当。一个篮球运动员只要能打到职业队水平，年薪平均收入达45万美元之多，最少也收入20—30万美元。NBA所属球队年收入共计约1.6亿美元。

职业篮球界拥有一批超级百万富翁，为首的是洛杉矶"湖人"队42岁球星贾巴尔，他1987—1988年年薪250万美元，下个赛季将上升到300万美元。目前，年薪150万美元的篮球明星共有10名，他们的收入远远超出美国总统的20万美元年薪。

篮球比赛的门票价格不一。目前，最低门票是4美元一张，最高的是50美元一张。NBA联赛体育馆最小的可容纳10333位观众。最大的拥有22366个席位。1987年2月14日在费城进行的一场比赛创下观众人数最高纪录。这一天共有52745人挤入体育馆观看比赛。观众越多，门票收入越高。

在美国，篮球明星有很高的地位。美国总统每年都要接见和宴请NBA冠军队。美国有一刊物曾发起评选"谁是青年人心中英雄"活动，结果"费城76人队"有篮球博士之称的朱丽叶斯·欧文和里根总统并列第一，获得了这一荣誉。

1999年，NBA又进行了新的改革。新的比赛规则为了增加球队得分，新规则规定防守队员不得在3秒区外以手掌或前臂阻挡持球人进攻。NBA新赛季还推出新球衣，建设新球场。新赛季将有5座分别以过亿元兴建的新场馆落成使用。

从"BAA"到"NBA"

美国全国篮球协会（National Basketball Association）简称NBA，如今已跨越半个世纪的历史，成为当今世界最高水平的篮球运动象征。

自从1891年，美国人詹姆斯·奈史密斯创造了现代篮球运动的雏形后，篮球一直是美国人的"国技"，至今美国已是举世公认的篮球王国。

1946年6月6日，有12个队在纽约一家酒店里商议成立一个全国性的篮球协会，并于当年11月举行了BAA（NBA前身）的首场赛事。比赛在加拿大的多伦多举行，结果多伦多雪狗队以68：66击败纽约尼克斯队。当年参加BAA联赛的有11支球队，时至今日仍在NBA中角逐的仅剩3支球队：纽约尼克斯队、波士顿凯尔特人队和金州勇士队。

1947年4月22日，费城队以83：80击败芝加哥队，成为第一支BAA冠军队。

1949年8月3日，BAA联赛吸收了国家篮球联赛（NBL）的6支球队，正式易名"NBA"。

从1949年至今，NBA已走了几十年。在这一段时间里，出现了仅有的两个伟大时代，最出名的，当然是在1957—1969年的13个赛季里，由比尔·拉赛尔领导的凯尔特人队勇夺11次联赛冠军；在1969—1986年的赛季里，波尔顿凯尔特人队又夺得5次联赛冠军，构成了传奇的16次夺冠经历。而在这之前由乔治·米肯统军的明尼阿波利斯湖人队，在1949—1954年这6年间摘得5次桂冠。当时的篮球正在为争取成为美国人心目中的运动而挣扎，要说今天篮球能在美国及全世界普及，乔治·米肯的功劳不可没。

在NBA半个世纪发展历程中还有以下大事值得回忆：

1954年10月31日NBA首次采用24秒进攻时间。

1992年美国奥林匹克篮球队中的五位职业球星（从左至右）乔丹、尤因、约翰逊、马隆、巴克利。单场赛事中独得100分，至今仍为NBA最高纪录。

1966年4月28日，波士顿凯尔特人队完成了8连冠，成为NBA历史上最长的"王朝"。

1972年1月7日，洛杉矶湖人队以134：90击败亚特兰大鹰队，创下连胜33场的NBA纪录。

1979年10月12日，波士顿凯尔特人队的福特投入NBA历史上第一个3分球。

1990年11月2日，由NBA球员组成的美国奥运男子篮球队在巴塞罗那奥运会上以117：85击败克罗地亚队夺得金牌。这是NBA球员首次被获准参加奥运会。

1995年至1996年赛季，加拿大多伦多猛龙队和温哥华灰熊队正式加入NBA，使NBA扩展至美国以外，NBA球队增至29支。

高水平的美国NBA篮球队创下了许多世界纪录：

传奇人物贾巴尔除了年薪收入纪录外，他还是年龄最大，打球时间最长，比赛次数最多，得分最多的运动员。他的记录是42岁，驰骋球场20年，比赛1500场以上，得分近40000分。篮球巨星迈克尔·乔丹带领芝加哥公牛队刷新了NBA单季胜场最多的纪录（72场），他本人保持NBA个人平均每场得分最高纪录（32分）；卡尔·马龙是现代篮球史上首位由中学直接晋身职业篮坛的球员，他本人保持NBA投入罚球最多纪录；助攻王斯托克顿首位累计超过10000次助攻；帕里什是NBA历史上出场最多球员，超过1560场；梦幻三队主教练维尔肯斯是NBA历史上取得胜场最多的教练。

"公牛王朝" 能 "牛" 到何时

　　盐湖城傍山屹立，街衢井然，民众升平，一派祥和。忽然一队红衣骑士接踵而至，霎时间热闹非凡，宁静全无。芝加哥公牛队主帅杰克逊率众将士杀赴此地，挑战爵士队，争夺6冠奖杯，一场血刃在所难免。

　　第一场初次交手，双方竟状态全无，这边罗德曼跑到休息室玩健骑机，乔丹则累得鼻孔流血；那边马龙、拉塞尔、霍纳塞克等主力屡投不进，多亏有斯托克顿左突右冲爵士队才以88∶85艰难取胜。面对失败，公牛主帅再筹良策，进攻以乔丹、皮蓬、库科奇为铁三角，防守以乔丹、皮逢、罗德曼为铁三角，不多时果然奏效，连赢3场。

　　眼看芝加哥球迷欢欣鼓舞，已欲弹冠相庆，爵士队却派遣老将卡尔出阵，遂以83∶81死里逃生。

　　双方战至第6场，双方激战，多次比分相持，不料皮蓬倒地腰扭，乔丹痛失"左膀"，无奈孤军奋战，杀至最后1分钟，乔丹两次罚球把比分追成83平。不料斯托克顿又在终场前41.6秒，突射冷箭，公牛反落后3分。乔丹只得孤注一掷，直切篮下得手，这时只差1分。爵士队得球传给马龙，马龙刚拍两下，就被乔丹偷袭得手。时间还剩5.2秒，乔丹直捣城门，在混乱中突然跳起投篮命中，为公牛成就了第6次辉煌。那一瞬间，每一个观看比赛的人都被乔丹的出色表现所折服。

世界上凡是球迷就不会不知道"飞人"乔丹和芝加哥公牛队，他们几乎成了篮球最高水平的代名词。他们6次夺得NBA总冠军（1991—1993年，1996—998年），而且每次夺冠都伴随着像上面所述第6次夺冠那样惊心动魄，给人们留下难以忘怀的美好印象。每一次也都向人们展示了篮球运动的真正魅力。

罗马不是一天建成的，如今的公牛王朝是经历了14年才有此辉煌业绩。这支所向披靡的球队，从队员方面说可以写成公式：乔丹＋另外4个其他队员。如果说从球队来说，至少靠4个人的"合力"才能完成霸业：被尊为篮球百年历史上最伟大、最完美的球星迈克尔·乔丹；NBA历史上最伟大的50位球星之一的前锋斯科蒂·皮篷；有"篮坛禅师"之称的菲尔·杰克逊，是现任主教练中赢得总冠军戒指最多的一位；最后一位就是副总经理杰里·克鲁斯。

公牛队的每一幕悲喜剧都离不开这四位。

在1984年的选秀大会上，乔丹只是第三位被选中的新秀，当时最想得到他的是费城76人队总经理威廉姆斯，他曾提出用他的第五和第十选秀权交换公牛队的第三选秀权。但当时的公牛队总经理罗德索恩最终抵住了这二换一的诱惑，最终选择了当时瘦瘦的乔丹。

1984年以前，公牛队正处于"水深火热"之中，平均每场只有6000名观众，比现在要少17200人，至1987年11月以来，公牛队已连续434场主场爆满，以每张票价36美元算，一年光收门票就多赚了2550万美元，这就是乔丹所带来的巨大利润，但还不是全部。1985年，杰里·雷斯道夫以1500万买了公牛队，而今据专家评估，公牛队至少值2亿美元。1994年，乔丹带来的效益使公牛队有足够资金建起了耗资2亿美元的联合体育中心。

1998年，乔丹第5次获得常规赛MVP，也是第6次捧起总决赛的MVP奖杯。乔丹说，他要走了。连"禅师"杰克逊都不相信再次卫冕，他劝告乔丹，如果现在激流勇退，他的篮球生涯将十全十美，但乔丹在芝加哥全城庆祝大会上告诉球迷，他希望下次有机会再次和大家一齐分享这样的欢乐。球员们听后兴奋不已，因为在他们看来，只要乔丹在场上，就是"泰坦尼克"号沉没了，也能把它捞出冰海。

"野牛"皮篷幼年十分坎坷，在他被克鲁斯选秀换到公牛队以前，他还是阿肯色中央学院皮包骨的乡下小伙，从未参加过大学的64强赛，而成名后一直成为乔丹天造地设的搭档。

克鲁斯不但给乔丹挑选了最好的搭档，还为乔丹挑选了一位他一生最信赖的教练菲尔·杰克逊。当年杰克逊应邀来公牛队面试时，克鲁斯对这位CBA（NBA下属一个半职业联盟）的最佳教练非常感兴趣，但对他的披肩发和插满鸟毛的墨西哥草帽不能接受。第二年，克鲁斯建议杰克逊把头发剃了再谈一次。这回杰克逊不但把头发剃了，还把胡子也刮了。于是1987年的秋天，杰克逊成了公牛队助理教练。1989年正式被任命为主教练。两年后，杰克逊带领乔丹、皮篷、格兰特等勇将，夺得了公牛队建队25年来第一个总冠军。

杰克逊多年来一直在钻研世界上各种流派的宗教，其中对他影响最大的是东方佛教，故有禅师之称。他还把场上5名队员的攻防形势称为"五人太极"，要求队员做到"有我和无我"交融一体的至高境界。虽然公牛队6次封王后，克鲁斯诚恳请这位"公牛舵手"留下来，但杰克逊就像第一次面试一样，骑上那辆签满队员名字的摩托车绝尘而去，在未来的一年中，他要远离篮球，去享受属于他自己的生活。NBA就像个大舞台，台前的演员是运动员教练员，后台的导演就是克鲁斯这样的球队经理。可以说，如果没有克鲁斯，也就没有公牛队英雄"大聚义"，也就没有乔丹和杰克逊。这就是公牛王朝，它不是一天建成的。

世界网坛巨星埃德博格

　　周末，埃德博格和往常一样，来到了离他在伦敦南坎辛顿区寓所两个街区处的坎辛顿公园。在伦敦生活的10年里，他一有空闲就会去坎辛顿公园。那是伦敦的一个非常有名的公园，里面长着葱郁的树木。他一个人静静地坐在长椅上。溜旱冰的孩子不时地从他身前飕飕地滑过；偶尔，远处踢足球的孩子们把球踢到他面前，他会弯下腰捡起球，默默地抛还给他们。他的心里似乎很平静，然而在他的眼神中，分明有一种陷入回忆的沉思。

　　他在回忆往事吗？是的。人在做出一生的重大决定时，是最容易回忆往事的。埃德博格决定退出网坛，于是往事一幕幕涌现。他的往事怎么有点像太阳升起来了，丽日当空，然后是落日余辉。

　　埃德博格出生在瑞典东部一个叫韦斯韦克的小镇。在瑞典这个盛产网球天才的国度里，他从小就受到了网球的熏陶。当小埃德博格握着球拍走上网球场，开始接受正规的网球训练时，还不到10岁。15岁那年，他开始参加正式的网球比赛。16岁，他在第2届欧洲网球锦标赛上勇夺桂冠。当年，在参加少年组网球比赛中，他几乎杀遍天下无敌手，并赢得了首届大满贯网球赛少年组（法国网球公开赛少年组）的冠军。从那之后，他就立志要一生从事网球运动。

　　1983年，17岁的埃德博格，正式步入世界职业网坛，并迅速在网坛上站稳了脚跟。那一年，在他职业网球生涯的第一次比赛——波茅斯网球赛上，他杀入了半决赛。在赛后的记者招待会上，他第一次穿上了那件黑色夹克。从此，每逢出席记者招待会或出现在公开场合，他都喜欢让皮夹克也一起享受闪光灯。

那次记者招待会是埃德博格首次在众人面前亮相，他显得有些拘谨。因为他的英语说得不好，又增添了几分紧张。果然，在回答记者提问时出了洋相。在问及他父亲的职业时，埃德博格告诉大家，他的父亲是一个"criminal"（罪犯）而事实上他的父亲是一个优秀的警察，只是瑞典语中的"警察"一词译为英语是"criminalinspector"（犯罪监察员）之意，而心中有些发慌的他却只说了半个词。

第二年，埃德博格在积分榜上前进到第20位。这一年，也是他步入职业网球生涯以来，网球才华横溢的一年。在意大利的米兰，他第一次获得了职业网球大奖赛的桂冠；在美国洛杉矶举行的第23届奥运会上，他又夺取了男子网球单打的金牌，并因此成为当时洛杉矶最受瞩目的人。而最值得人们称道的是他在当年的戴维斯杯网球赛上的出色表现，他和安德斯·杰里德配对，战胜了当时几乎无人能敌的美国双打选手约翰·麦肯罗和彼德·旨莱明，使瑞典队最后捧回了戴维斯杯。埃德博格在1984年的表现，使他在世界网坛一举成名，并被人们誉为"世界网球的希望"。此后，他更是一发不可收拾，一步步地向职业网坛的顶峰攀登。

埃德博格不愧是个网球天才，他的网球风格结合了速度、力量和无与伦比的准确性。他在打球时总是带有一种凌厉而无坚不摧的攻击性，使他的每一个对手都心生畏惧。

接凌空球技术是埃德博格的一大绝活，与他交过手的选手都对他的凌空球技术留下了深刻的印象，托德·马丁就是其中的一个。

"我第一次和埃德博格交手是在1993年的东京，"托德·马丁在谈起自己与埃德博格的交往时说，"那时我们打了一个平手。一个星期之后，我们在香港的一场网球公开赛上再次交手，这次仅打了3局我就输了。那天我错过了好几个凌空球，而埃德博格正是接凌空球的专家。"

"在中场休息时，我们坐在一起，我问他：'这几天你能教我如何打好凌空球吗?'他考虑一下,然后回答我:'最重要的一点就是你必须牢牢盯住球。'"

"那一刻,他显得十分严肃,百分之一百的严肃。谁都知道,埃德博格是世界上最擅长接凌空球的选手,他告诉我的正是他多年打球所得出的经验。原来在我看着迎面过来的凌空球时,总感到有些头晕,因为有时就光凭着感觉去打球。在听了埃德博格的话后,我似乎明白自己应该如何去打球了。"

马丁说埃德博格是"世界上最擅长接凌空球的选手",没错;但马丁可能不知道埃德博格的凌空球技术是怎么来的,在10岁时,埃德博格就立志要练好凌空球。当别的孩子在底线练习一些正反手的抽球时,埃德博格一个人站在网球场的一角,反复地回击从发球机发出来的又快又刁的凌空球。正是通过从小刻苦的训练,才使他不仅熟练地掌握了接凌空球的技术,也使他具备了敏捷的身手。

埃德博格在网坛之路上,光彩夺目。在他14年网球生涯中,一共赢过6次大满贯桂冠(2次温布尔顿网球公开赛冠军、2次澳大利亚网球公开赛冠军和2次美国网球公开赛冠军);他54次出战大满贯网球赛(即四大网球公开赛),创下了公开赛史上出场次数最高的纪录;在其他各项重大网球赛事中,埃德博格获得过41次单打冠军和17次双打冠军;他还以自己超人的实力,帮助瑞典队4次摘取戴维斯杯网球赛的桂冠。在职业男子网球排名榜上,埃德博格曾名列榜首,并且是连续10年在排名榜上名列世界前10位的3名选手之一,其中有9年埃德博格名列前5位。他还是自1976年以来,仅有的2名在单打和双打都曾名列排名榜首位的选手之一。

埃德博格的战绩是辉煌的,而他的为人更为世人所敬慕。与他接触和交往过的每一个人,包括他的对手、裁判、捡球员、球迷、司边员、比赛组织者、赞助商以及众多的新闻记者,无不对他留下了深刻的印象。和其他许多网球运动员相比,埃德博格绝对称得上是一位球场绅士。不管什么时候,他看上去总是十分严肃,显得比较冷漠,但是,却从来没有一个人觉得他是一个怪人，也没有人敢对他有所不恭。相反，人们总是对他赞不绝口。或许只有他那4岁的小女儿埃米莉，在父亲不让她玩那些漂亮的水晶奖杯时，才敢对自己这位受众人尊敬的父亲发几句牢骚。

太阳有升起，就有下山。1996年的一系列比赛就成了埃德博格的告别赛。世界各地的众多球迷纷纷前来最后一睹埃德博格的英姿，而埃德博格也向世界各地深爱他的球迷深情告别。各网球赛的组委会纷纷授予埃德博格特殊的荣誉，以表彰他多年来获得的成就以及对世界网球运动做出的巨大贡献。他的业务经纪人卡因在记者招待会上宣布说："博格的竞技状态仍然很好。但他不愿再打了，因为他感到达到世界第一位的精力已经耗完了，他要是当不了第一，便宁肯归山。"

博格后来对瑞典记者说，他最近很多比赛未打好，有些球过去从未失误的现在失误了，他已经失去重获第一的动力了。

"我已不能拿百分之一百的力量去打球了。"他说："因而再打下去对我自己是不公平的。要达到顶峰必须感到打球是一种乐趣才成，但我已经没有这种感受了。"

在决定退出网坛的同时，埃德博格宣布成立一个以自己名字命名的少年网球基金会，帮助那些14岁到16岁的瑞典少年网球选手。

埃德博格忘不了自己走过的历程，更忘不了自己在成长的道路中，教练和朋友们给予他的帮助。在决定退出职业网坛之际，他要尽自己的全部力量去促进网球运动的发展，因为网球是他生命中最重要、最美好的一部分。

又是一个周末，埃德博格和往常一样，来到了坎辛顿公园。他一个人静静地坐在长椅上，落日的余辉透过茂密的树叶，映照在他的身上。远处踢足球的孩子们的欢笑声把他从深思中唤了回来。他站起身来，朝公园门口走去。走近公园的大门时，他抬头望了望远处的落日，夕阳正红。他向落日挥了挥手，而在他的心中，却是挥手告别了网坛。

网坛是他生活历程中的一段，是浓缩了的一天，太阳下山了，明天还会升起。

叱咤网坛的男爵

　　戈特夫里德·冯·克莱姆男爵是20世纪30—40年代德国、乃至世界网坛上的风云人物。在20世纪30年代，只有美国的唐·巴奇以及英国的网坛高手弗雷德·佩里能与之相媲美。他一生共参加过102场戴维斯杯的比赛，胜82场。这是该项比赛史上第4个最好战绩。从1934年到1937年，男爵参加了8次法国网球赛、温布尔顿网球赛以及美国网球锦标赛，两次夺魁。

　　如此赫赫战绩，全凭男爵的球技高超。他发球刁钻，底线大力抽球无懈可击。他场上的动作十分优雅，无论输赢，他总向观众回以灿烂的微笑。男爵身高近6英尺，一头深棕色头发总是梳得光光的，灰绿色的眼睛深邃明亮。比赛时，他总爱穿红白条运动上衣和奶油色法兰绒长裤，在现代人看来，这身打扮像花园聚会的招待。

　　戈特夫里德系德国名门望族之后裔，其血缘关系可回溯至12世纪。他虽置身于上流社会，但他全然没有上流社会惯有的那种势利眼。在与人交往中，他常常习惯性地去掉名字中的"男爵"头衔和"冯"的贵族封号。

　　男爵不仅球艺非凡，球德同样出类拔萃。他从来赢球都赢得坦坦荡荡，不要不义之球，哪怕是裁判把分"送"给他，他也拱手相还。1935年戴维斯杯网球赛中，德国队与美国队遭遇，双方势均力敌。第一天的两盘单打双方战成1∶1平，第二天进行决定胜负的双打比赛，德国队以冯·克莱姆和凯·伦德迎战美国队的埃里林和约翰·凡·赖恩。比赛进行得异常激烈，前4盘双方各胜2盘，在关键的第5盘，德国队的比分略占优势，突然，对手打过来一个刁钻的短球，冯·克莱姆一个鱼跃扑救，但未能救起来，眼明手快的伦德将球打回对方场内。

裁判举手判定德国队得分。

正当全场为德国队的表演欢呼不已的时候，男爵突然举手示意对裁判的这一裁定有异议。他对惊异不已的裁判解释说，在伦德将球打回对方场地之前，球已先碰了自己的球拍。因此，应改判美国队得分。观众对克莱姆的高尚球风报以热烈掌声，但克莱姆的搭档伦德却接受不了这种改变，勇气顿消，结果，德国队以6∶8失掉了决胜局。

德国队教练经受不住这种失败的打击，一下子患了中风。即便此刻，他还是没有忘记教训克莱姆。"德国队一直称霸戴维斯杯团体赛。冯·克莱姆的运动员首先使祖国失去了绝好机会。男爵令他的祖国及队友丢脸。"

在教练说这番话时，一向性情平和的克莱姆却怒目而视。他激动地说："我年幼时选择了网球。我之所以选择这项运动，是因为它是一项绅士的比赛项目。从第一次拿起球拍起，我就一直像绅士一样打球。我并不认为我让德国人民丢了脸。事实上，我使德国赢得了荣誉。"

此后的两年，是克莱姆的网球生涯中最辉煌的年代。1936年，他在法国网球赛中一路过关斩将，杀入决赛，并在决赛中打败了当时似乎不可战胜的英国网球名将佩里，第二次捧走这项赛事的单打冠军杯。翌年，他又连夺德国网球比赛的4项冠军，此刻他已处于球艺的巅峰状态。当然，给世人印象最深的还是这年代表德国队与美国队在戴维斯杯决赛中动人心魄的表演，也正是这场比赛成了他一生中的一个转折点。

这场球赛的意义早已超出了小小的网球球场。在当时那种国际形势下，这场比赛成了德国与美国之间的一场政治较量。比赛伊始，双方的较量就呈白热化。前三天的4场单打双方各胜2场，接下来便是德国的冯·克莱姆与美国的唐·巴奇一决雌雄。出席观看这场比赛的有英国玛丽王后、德国驻英国大使里宾特洛甫及德国当时的体育部长。到场观看比赛的观众几近1.5万人。就在比赛开始前几分钟，希特勒还亲自打电话到更衣室找冯·克莱姆，敦促他赢得这场比赛。

比赛打得异常激烈，精彩纷呈，双方近乎超水平发挥。在决定性的第5局中，男爵摆脱了被动局面，很快以4∶1领先。但由于冯·克莱姆急于求成，打得有些失常。不过，他毕竟是沙场老手，很快稳定住阵脚，打出一个个漂亮的球。一向自负的美国20年代网球明星比尔·蒂尔登也不无欣喜地称这场比赛为"我所看到的最精彩的网球赛"。

决定胜负的时刻到了，轮到巴奇发第一球。这是他在这场比赛中第175次发第一球。他发出的球像一道闪电，冯·克莱姆回球也很快，接着双方打起了击触地球。突然，男爵打出一个被认为完美的正手斜线球。巴奇眼疾手快，一个鱼跃倒地救球。他在倒地时奇迹般地打出一个精彩的球。球滑过站在球网前的克莱姆伸展的拍子，落到离场地一角6英寸的场内。他跌倒在草地上时，听到观众席上一阵哗然。他当时知道，他打了"一个很可能赢的球"。

全场的观众为他俩的精彩球艺长时间鼓掌欢呼。虽然冯·克莱姆输掉了他一生中最重要的一场比赛，但他仍然笑得那般灿烂，仿佛输球的是对手而不是他。他大方地向巴奇伸出一只手说："唐，这是我一生中打得最好的一场球。我很高兴能同你这样我非常喜欢的人交手，祝贺你！"

在失败后依然微笑的男爵此刻尚不知道，这场球的失利，竟成了他这一生的一个转折点。他输掉这场球后，希特勒很生气。纳粹当局决计要报复他。

克莱姆是位骄傲的德国人。在纳粹猖獗的年代，他不得不在其旗下打球、不得不参加白痴一样的纳粹分子的欢呼仪式，否则，他就要毁掉自己的运动生涯。尽管如此，克莱姆丝毫也不掩饰他对纳粹的厌恶。他常常在公开场合与纳粹"对着干"。他曾抗议纳粹当局禁止他的队友——犹太人运动员丹尼尔·伦参加戴维斯杯网球赛。随后，他又拒绝加入纳粹党，虽然陆军元帅赫尔曼·戈林几次邀请他加入该党。他不尊敬"元首"，将"元首"蔑称为"油漆房子的人"。他打世界巡回赛途经澳大利亚时，不指名地批评了希特勒及纳粹政府。外界对他的印象是：他与第二帝国毫无干系，是野蛮人中的善良骑士，经常被友好地称为"德国最亲善的大使"。

但是，他的这些言行激怒了"元首"，冯·克莱姆大祸临头了。而且，早有人将他在澳大利亚所讲的话传到柏林，说他背叛了祖国。1938年3月4日，他们打完世界巡回赛回到德国时，例行的欢迎仪式被取消了。次日晚上，冯·克莱姆在其母亲的住宅里被两名盖世太保抓走，关到柏林的一所监狱里。对他的指控不是因他"反对希特勒"，而是因为他"性反常"，与两年前离开德国到巴勒斯坦的犹太人赫伯斯特搞同性恋，而且还"资助赫外逃"。

无论是克莱姆家族在社会中的名望，还是陆军元帅戈林的干预，都未能改变希特勒对男爵的"终审判决"。结果，他被判监禁1年。

新兴藤球走向世界

藤球是近年来新兴的体育项目。踢藤球在古时候叫踢篮球，以后又因球场中央有一道网，又改称踢网篮球，到1965年才定名为藤球。在缅甸，藤球叫作"战龙"，而在马来西亚则叫作"西柏那嘉"。藤球是缅甸、马来西亚、泰国等东南亚国家民间传统体育活动。

在北京举行的第11届亚运会上，藤球被列为正式比赛项目。1994年、1998年两届亚运会，主办者也均把该项目列为正式比赛项目。可见亚洲国家对该项运动的重视。藤球已在亚、欧、北美洲一些国家开展。国际藤球联合会在1992年3月成立，藤球也冲出亚洲，走向世界。

藤球是一项技巧性很强的运动项目。它将排球的整体配合，足球灵活的技巧和羽毛球凶狠扣杀等打法结合起来，技术简练，动作敏捷、精彩激烈，受到人们喜爱。

泰国藤球分为民间踢法和正式比赛踢法两种，作为民间体育活动，它犹如中国的毽子，可分为单人踢、双人踢和多人踢三种踢法。踢者可用脚尖、脚面、脚内侧、脚外侧踢，也可以用脚后跟踢，还可以跳起来转身踢，花样繁多，踢法细腻。

单人踢，视次数多少定胜负，技术高明者可踢几个小时，依然保持不落地，但看起来太单调，一般只有初学者才这样练习。

多人踢，是一群人围在一起成圈，相互配合，各显神通，把一个黄色藤球踢得左盘右旋，上下飞腾，使人目不暇接。

最精彩的是两队比赛，赛场13.42米，宽6.10米，在场地中间中线两端各设一根网柱，上面拉一道球网，网高1.55米。藤球是用9—11根细藤条制成的，球周长53厘米，重量为160—180克，球体上有12个洞。这样的结构不仅使藤球重量适中，弹性强，而且在踢过时还能发出悦耳的唰唰声，令人越踢越起劲。

比赛时，双方各上场3人，每方一个后卫，两个前锋，比赛每场八局，每局15分为胜。发球时，一方由一名后卫站在离端线8米处中圈内，其他两名前锋站在网前，3人构成三角形，先由网前队员将球踢给后卫，后卫再把球踢到对方场上，对方接球后立即组织反攻。

按照规定，比赛进行中运动员只能脚踢、胸挡、头顶，不许用手接臂传，否则被判为手球犯规，这如同足球，但队员不许在场外接球，又好似篮球。比赛进行中每方可接触球3次便将球击过网，球着地、出界外、发球时触网、运动员踏中线都属违例，或失分或失发球权。比赛先满15分者为胜，14平后再连得2分者胜，这些又和排球一样。所以，有人说，藤球是一种介于排、篮、足球之间的运动，它很容易普及推广。

藤球是一种全身性体育活动，活动不甚激烈，老少皆宜。藤球制作简单，价格低廉，活动不受季节限制和场地限制。1965年，在吉隆坡举行的东南亚运动会上，藤球首次被列入比赛项目。

1988年我国首次举办全国藤球锦标赛。每年举办四次正式比赛，即全国青少年藤球锦标赛、全国大学生藤球锦标赛、全国"藤球杯"赛、全国藤球锦标赛。

第1届世界青年藤球锦标赛，1992年底在南宁市举行。泰国、马来西亚、越南、韩国、新加坡、菲律宾及中国派队参加，结果泰国获冠军。我国获第四名。1998年12月在泰国举行的13届亚运会，我国藤球代表队，经过激烈争夺终获第二名。可以预见，亚洲的藤球运动将会在21世纪有更大发展，必将以崭新的面目走向世界。

中国古代的捶丸运动

高尔夫球是当今世界上非常流行的一种体育运动。这种体育活动是在一片自然风光中进行的，脚下是绿草如茵的旷野，明镜般的湖水在微风中荡着涟漪，头顶上广阔天涯的天空蓝得如同大海，几朵白云在悠悠地踱步……没有城市的喧嚣和现代社会的嘈杂，只有清新的空气，静静的小丘和满目的绿色田野……在这样的环境中，人们轻松自如地一边欣赏大自然的美景，一边挥杆击球，这种运动使人心旷神怡，性情得到陶冶，体力得到恢复，因此吸引了成千上万爱好者。而且随着社会经济的发展，这项运动愈来愈受到人们的欢迎。

西方体育史家，有的认为高尔夫球起源于苏格兰，有的认为起源于荷兰。其实这项受西方人迷恋的运动，其真正源头却是在东方的中国。早在公元943年，中国就已经有了高尔夫球游戏，不过当时的名字叫"捶丸"。

捶丸是我国古代的一种游戏。游戏时在地上挖成一系列球窝，比赛双方用球棒向窝中击球，以用棒数较少的一方为胜。这种游戏和现代高尔夫球很相似，所以专家们总以"中国的高尔夫球"（Chinese golf）称呼它。

捶丸在我国有着悠久的历史。根据公元1282年刊出的《丸经》所载"宋徽宗、金章宗皆爱捶丸，盛以锦囊、击以彩棒"的记述，说明他们都曾从事这一游戏，这是公元12世纪初期的有关记录。实际上在当时民间早就有了这项游戏，帝王们不过是从民间把它移植到宫廷中，供他们欣赏娱乐而已。

在宋代魏泰的《东轩笔录》中有一段关于捶丸最早的历史记述，原文说："余为儿童时，尝闻祖母集庆郡太守陈夫人言：江南有国日，有县令钟离君与县令许君结姻。钟离女将出，适买一婢以从嫁。一日，其婢执箒帚治地，至堂前，熟视地之窊处，恻然泣下。钟离君适见，怪问之。婢泣曰：幼时，我父于此穴地为球窝，导我戏剧。岁久矣，而窊处未改也。钟离君惊曰：父何人？婢曰：我父乃两孝前县令也。身死家破，我遂落民间，而更卖为婢。钟离君遽呼牙侩问之，复质于老吏，是得其实……"

这里陈夫人所说"江南有国日"一语是隐括了一段历史事实的。南唐政权的疆土在李煜时受到后周的侵夺。李煜嗣位，又受到赵宋的侵夺。最后南唐为宋所灭。他们两人在位时都曾被"去帝号"，改称为"江南国主"。笔记中"江南有国日"一语就是指这李中主、李后主两人在位的那些年代（公元943—975年）。当时已有捶丸出现在人民生活中。在目前，这是我国捶丸最早的记录。

把"穴地为球窝"作为捶丸的特有标志看待。如果这个看法没有判断上的失误，则《东轩笔录》的记载就把我国捶丸的起点提到10世纪中期（公元943年）而不是如过去的宋徽宗（1101—1126）的12世纪初期了。

捶丸在我国最晚期的文献可能是明代的两幅宫廷捶丸图了。"明宣宗行乐图"是明宣宗朱瞻基（1426—1435）在宫廷中作捶丸游戏的写照，这幅图虽然只是球场的局部，但可以看到一穴一旗，安排得很齐备。亭内亭外陈列的球棒很多。

尽管在我国人民生活中曾出现过有关捶丸的文献记录，如南唐前的壁画、宋代的陶枕风俗画和笔记、元代的《丸经》和明代的宫廷画，能说得上是异彩纷呈的。但是它们在我国历史上都仅如昙花一现，没有多长时间，就从人们的生活和记忆中遗忘消失，以致后来当高尔夫游戏来到我国时，绝大多数人都把它看作是外来文化。

高尔夫过去都被认为最早流行在英国。英国有关高尔夫的最早文献是公元1457年，但是对它的真正起源在英国总还没有清理出一个头绪来。后来由于考古工作的深入，才查明荷兰的高尔夫活动更早于苏格兰。如《日本体育大辞典》说："过去一般认为高尔夫创始于英国，近来在荷兰的陶器上发现了一幅高尔夫球的图绘，依古文献考出，它发祥于15世纪初期的荷兰。"这一情况对我们有所启发。中国学者早就指出，捶丸与西方的高尔夫是如出一辙的。只是过去所提失于空泛，没有把问题落实起来，故而难以取信于人。因此，对两者作一次对照比较是有必要的。以元代的《丸经》为依据，高尔夫球以1936年大众书局的译本《高尔夫》为依据。两相对比的情况说明二者有许多共同之处：

捶丸的窝和高尔夫的球穴都是击球的目标。场上都有标志旗，用以指导方向。

捶丸中的基窝相对和高尔夫的起点球穴相对，要求相同。

捶丸和高尔夫场地都利用各种不同的地势，平的、不平的地，内容基本相同。捶丸的球要求适应球棒，轻重合宜。高尔夫对球规定重量和直径，也是为轻重合宜。内容基本一致。球棒的形制因用途不同而各有要求。棒式都有分类。球棒因人而异。原则基本一致。

从以上分析可以证实，高尔夫球产生源头确实在东方中国。

现代高尔夫球运动传入中国的时间是1896年。当时，上海成立了第一个高尔夫球俱乐部。此后，天津、南京、抚顺、大连也都建过高尔夫球场。但是，长期以来，中国会打高尔夫球的寥寥无几。

80年代，随着中国对外开放政策的实施，中外交往日趋频繁，国内开展的运动项目也更为广泛。1984年3月，广东的中山温泉成立了高尔夫球协会，并从当地农家子弟中挑选出一批17岁左右的青年，组成了新中国第一支高尔夫球队。此后，在北京、天津、深圳、珠海等地又相继有中外合资，利用荒山野岭建立了5个高尔夫球场。目前，除了中山温泉高尔夫球场为18洞71棒外，其他5个均为18洞72棒标准，都是具有国际水平的球场。此外，北京还有一个朝阳高尔夫俱乐部，设有9个洞的练习场地。这些场地的建成，对推动我国的高尔夫球运动起了很大作用。

1986年1月，中国首次国际高尔夫球赛——"中山杯"职业、业余选手混合邀请赛在中山市温泉高尔夫球场举行。来自英、美、日、菲律宾、新加坡、香港的17名职业选手参加了角逐。结果，中国队获得团体赛的冠军。

1986年3月，中山温泉高尔夫球协会派出4名女选手参加香港业余女子公开赛，首次参赛的中国姑娘获得了团体冠军和个人亚军的好成绩。同年10月，又有4名男选手参加香港少年高尔夫球公开赛，其中郑文君表现出色，取得亚军。

高尔夫球的兴起

高尔夫球是一种草地上的运动，其特点是用曲棍以尽可能少的次数将球击入规定数目的洞内。

高尔夫球据说最早是由一名苏格兰牧羊人发明的。他在一次偶然机会用牧羊棍的把手将一颗圆石子击入兔子洞中，从而得到启发，发明了这种运动。高尔夫这个词最早出现在1457年苏格兰议会文件中，当时由于高尔夫球盛行，将许多年轻人从射箭运动中吸引了过来。因此政府下令禁止，1417年和1491年又两次重申禁令。1608年英国成立了第一个高尔夫球俱乐部。19世纪下叶传到美洲、澳大利亚和南非，本世纪初传到亚洲。

在世界上种类繁多的体育运动中，高尔夫球可算是一项较为古老的运动，高尔夫球在苏格兰的圣·安德鲁市（St.Andrews）兴起时间约在1457年。当时苏格兰的一项重要军事运动——射箭术正处于衰落的境地，而高尔夫球却从此勃兴了。

苏格兰圣·安德鲁市城中的地理条件得天独厚，它有自然形成的高尔夫球场所需的障碍物——海风吹成的沙洼，漫布着楠属植物的沙丘，蜿蜒曲折的溪流，阵阵不断的海风，苏格兰人就在这儿打高尔夫球。因此，对于苏格兰人来说，真正的高尔夫球场就应在这沙丘之间，大自然就是这种球场的"建筑师"，而其他的球场相对来说则是"内陆球场"。

尽管当时没有文字记录可以证实日期，据说于1608年已经成立了"皇家黑石楠"高尔夫俱乐部。1754年，在圣·安德鲁市正式组织了"圣·安德鲁市皇家古高尔夫俱乐部"。据说，该俱乐部由"22个贵族和绅士"建立。他们还制定了13条基本的高尔夫球规则。今天，世界成千上万的高尔夫球场还沿用着这些规则。

圣·安德鲁市真可以说是"高尔夫之都"，每年有数以万计的"朝圣者"来参观这里的高尔夫球场。这儿的街名体现出本区对高尔夫球运动的狂热，如"得分街"、高尔夫街，甚至连车站也有称作"高尔夫击球"的。这儿的市民，无论老小，不分贫富都喜欢玩高尔夫球。职业球手还被请到学校教孩子们玩高尔夫球，"皇家古高尔夫俱乐部"的成员，为了给青少年们以荣耀，还定期把自己用过的旧高尔夫棒赠送他们。

"皇家古高尔夫俱乐部"部长的就职仪式也很特别。按照传统，新任的部长必须在9月第三周的星期三进行就职仪式。届时，他本人必须走马上任，要像高尔夫球一样"击入办公室"。表现方式是，他跨上第一个开球处，在他前面是球场，鱼贯而立着一批球童，然后，由他发出一球，球童们争着拾球，拾得者奖 1 英镑。其后，一尊古炮鸣响，在这隆隆炮声和滚滚烟雾中，部长宣布就职。

世界上几乎没有大小和形状完全相同的高尔夫球场。一般都设在风景优美的地区或公园里。面积一般为 50 公顷，通常将球场划分为 18 条首尾衔接、长短不一的球道。球道一般长 100—500 米，宽 30—50 米。每条球道的末端都有一块"绿洲"。"绿洲"里面有一个直径为 10.8 厘米、不深于 10 厘米的洞。洞旁插一面小旗，最后一名运动员将球击入洞中后即行拔去。18 条球道总长约 6000 米。也有的场地较小，只划分为九条球道和有九个洞，比赛时重复一次，仍打完 18 个洞。

球最初是用牛皮做的，里面塞羽毛，后改用马来树胶球。目前使用的球是软橡胶做里，硬橡胶为面，直径不小于 44 毫米，重量不超过 46 克。球棍可用木头或金属制作。根据不同的用途共有两种形状的球棍，比赛时运动员最多可携带 14 种球棍，每个运动员可有一名助手专为他管理和携带球棍。

比赛形式基本上有两种，一种是按洞胜负。参加者二人或二队（1 对 2、1 对 3 或 2 对 2），一队最多为 3 人。谁以最少的击球次数将球击进一个洞，谁就赢这一洞，从多的一方按个人最好成绩计算。最后比谁赢的洞数量多。另一种是计总击球数。参加人数不限，比谁以最少的击球次数将球击人规定数目的洞内（一般为 18 洞，也有 36 甚至 72 洞的）。为了使运动员能在相应的水平上进行比赛，通常按技术将运动员分为五个等级。不同等级的运动员进行比赛时，水平高的要按规定有一定的击球次数……

由于比赛规则十分简单，因此不用裁判员。由比赛双方互相在卡片上记录对方的击球次数。

高尔夫球很吸引人，为了最大限度地减少击球次数，每一道的头几棍一般都要将球击出二三百米远。有时一场比赛要延续好几个小时，还需要良好的身体素质。此外，还要善于利用地形、估计距离、辨别风向、选择球棍和因地制宜地采用不同的击球方法，技术的要求也很高。由于是按相应的水平进行比赛，运动强度可自由掌握，因此这一运动老少皆宜，许多老年人也很喜爱。

高尔夫球在1900年和1904年两届奥运会上曾被列为比赛项目，但不算奥运会正式项目。从1953年起职业运动员每年举办一次世界赛。业余运动员男子从1958年起，女子从1964年起，每两年举办一次世界锦标赛。

许多人以为，高尔夫球是贵族运动，高尔夫球场更是富人大款消遣场所。其实，高尔夫球作为一个竞技体育项目早已与网球、赛车等项目并驾齐驱。高尔夫球是一项极富有魅力的运动。"高尔夫"英语为GOLF，有人据以把这四个字每拆开理解为四层意思：C—绿色，O—氧气，L—阳光，F脚步活动。的确，高尔夫球既是一种球类竞赛，又是一种娱乐，是一种享受大自然乐趣、将体育锻炼和游戏集于一体的悠闲运动。

迷你高尔夫球

高尔夫球不但有"巨型"，而且在历史上还曾一度流行过微型高尔夫球。

人们都知道，高尔夫球是当今世界上广泛开展并深受人们喜爱的运动。提起它，人们自然会联想起它那占地广阔、环境优雅的球场及运动员们一边奋力击球，一边饱览大自然风光的情景。然而，从这项运动中派生出来的一种曾经风靡全美国的游戏——微型高尔夫球，却鲜为人知。

30年代，美国社会趋时之风盛行，马拉松舞蹈，旗杆静坐，维加板等，都曾被人们当作时髦的事情疯狂地追求。而在经济大危机第二年出现的微型高尔夫球，就是这一连串赶时髦的产物。由于失业和经济萧条，人们生活中问题成堆，困难重重，令人无所适从，而在新兴的微型高尔夫球场中，却可求得片刻解脱。微型高尔夫球场的面积小到家庭花园里都可以铺设，一般设有9到18个穴，参加者不受年龄和球场经历的限制，也没有严格的比赛规则，纯属娱乐项目。在那里，每一件东西都变小了，你要轻轻地击球，场上一些小桥、小城堡、各种雕塑等微型建筑，都是必经的球道。特别是要把球击过呼呼旋转的小风车，更是妙趣横生。总之，在微型球场里，人们暂时忘却了烦恼。

这种几乎是一夜之间兴起的热门游戏，到底是谁发明的？最近由阿布维尔出版社出版的《微型高尔夫球》一书回答了这个问题。它的发明者是一个名叫詹姆斯·巴伯的庄园主。1916年，他在自己的花园里铺设了小型球场，为客人提供一种愉快的消遣。这种小游戏很快被几个大老板看中，他们竟在纽约市金融区摩天大楼的屋顶上建设了微型高尔夫球场，希望能在吃中饭时，吸引那些被统计数字弄得头昏脑胀的股票经纪人。生意不仅出人意料地获得成功，而且发展迅速。一些制造微型高尔夫球场所需微型设施的公司也应运而生。到1930年，美国已经有了几千个微型球场。这种游戏对人们的吸引力如此之强，几百万人当他们该工作的时候，手里却拿起击球棒。好莱坞电影的上座率因此几乎下降5%。好莱坞老板只能下令，不准他们的明星碰一下这要命的球艺。

然而，微型高尔夫球的顶峰状态没有维持多久。除50年代又活跃过一阵外，它从未真正恢复过元气。多年来小球场已成为不引人注目的事物，但他们仍是存在于高楼大厦之间的一个令人舒适的场所，人们总是不断地去逛逛。

现在，许多美国人谈起微型高尔夫球的历史还是充满激情，他们认为这种游戏是美国艺术的一种形式，可与欧洲古老的建筑相媲美。一位作家议论道，每个年长的美国人几乎都玩过这种游戏，因此，微型高尔夫球成为美国集体意识的一个组成部分，而且也是判断某人是不是真正美国人的一种标志。在一部老的战争影片中有这样一个镜头：操着无懈可击的美国中西部口音的德国间谍，伪装成美国政府官员，一个精明的战士突然问他："怎样想法把球打过风车的叶片之间？"结果击中了要害，对方回答说："不，从来没有去过荷兰。"间谍原形毕露。

通过女性腿弯下的一击，使对这新游戏的批评者更加振振有词。

微型高尔夫球的产生，是同社会经济、科技、文化发展相适应。这一事实告诉我们，有什么样的经济和科技，就有什么样的体育运动。在一些经济尚不发达的国家可否多开展一点微型高尔夫球活动，大可不必一味追求标准型高尔夫球运动。

高尔夫球的轨迹

在碧绿如茵的草地上，头带太阳帽的运动员，奋力挥动球杆，击起一个小白球，"嗖"地一声，划过半空，落在远方的小洞旁……这是引人注目的高尔球运动。高尔球起源于苏格兰，第二次世界大战后发展很快。美国有1800万人打高尔夫球。越来越多的妇女也挥杆上阵。高尔夫球在日本也深受儿童喜爱。高尔夫球是一项十分有趣的运动。优秀选手层出不穷。

在美国举行的世界高尔夫球大师（职业选手）比赛中，西班牙著名运动员塞维里亚诺·马列斯特罗斯一举获得了冠军。记者请他发表感想。他说："我过去总想有一天能成为世界冠军。可是，我从未想过事情会来得这么快。按照常规，一个优秀的高尔夫球运动员只有到30岁或32岁时，才能最好地发挥自己的球艺。对我来说，达到这个时候还差10岁。"在获得桂冠的时候，差三天就是巴列斯物罗斯23岁生日。因为成为世界一号种子，他的年薪随即提到200多万美元。在此之前，他还获得过世界高尔夫球杯和英国高尔夫球公开赛冠军。

巴列斯特罗斯于1957年4月出生在西班牙的佩德雷尼镇。该镇位于草原上，为高尔夫球提供了天然的场地。这儿的人们爱玩高尔夫球，巴列斯特罗斯从小就受到熏陶。

他的家境并不怎么富裕，但父母还是用牛奶喂自己的孩子。巴列斯特罗斯对高尔夫球入了迷，时常忘记回家吃饭。母亲总是给他把饭热了一遍又一遍，有时叫也叫不回家只好把饭送到球场。在回忆这段往事时，巴列斯特罗斯说："牛奶对我日后的体质带来了很大的好处。"

成年的巴列斯特罗斯，身高1.80米，体重82公斤，乍一看上去还满脸稚气。"

看看巴列斯特罗斯那布满了一层层的老茧的双手，便能理解他的冠军之路的艰难。他有一个习惯，每天要做一些器械体操，除此之外，一天都扎入球场，一练就是十几个小时。这次在美国比赛，除了去球场练习外，他寸步没有离开旅馆。他每天至少练16个小时。在多年的球场生活中，他养成了一种良好的习惯，善于自制。不论是新闻记者拍摄，人群骚动，还是身旁放着一大沓诱人的金钱，他都无动于衷。用他的话来说，"我到比赛场去的时候，就好像只有我一个人，我镇定自若，比赛就像是训练。"

这是他从沉痛的教训中得出的宝贵经验。一次巴列斯特罗斯参加了一次重要的比赛，在决赛中他同对手击球进洞的次数相同。于是裁判决定，谁在1米处将球击入洞内，就将成为冠军，可得一笔十几万美金的奖金。在场的人们都在想，凭巴列斯特罗斯的本事，冠军无疑是他的。可谁也没想到，金钱的诱惑使他动了心，手一打颤，竟未将球击入洞内，在这关键的时刻他丢了冠军。比赛结束后，巴列斯特罗斯后悔极了。他发誓今后一定要练好一棍将球击入洞内的过硬本领，不再向金钱觊觎。

　　玩高尔夫球不同于其他体育运动，首先是没有教练，比赛时没有任何人可以帮你的忙。其次，输赢全靠手中棍棒的一击见分晓。为了培养自己的毅力和击棍的水平，巴列斯特罗斯在球场旁搭了一间小房，吃住全在那里，除了练球或比赛，他哪儿也不去。即使得了冠军回家后，也照旧住到那间小屋里。

　　除此之外，巴列斯特罗斯还有一个嗜好，只要有国际比赛，不管破费多少（因为参加比赛的旅宿费得自己掏腰包），也要想方设法前往。他认为只有多参加各种国际比赛，才能获得丰富的临场经验；同强手较量，才能有所进步。另外，他参加比赛还有一个诀窍，赛前的头天晚上一定要睡好，至少睡10个小时。这样体力就能得以恢复，比赛时头脑清醒，判断准确。

　　"人怕出名猪怕壮"，自从巴列斯特罗斯获得英国高尔夫球公开赛冠军以后，名声大振，甚至超过了他在西班牙本国的声誉。人们称他为"金童子""球王"，现在他的名声在美国也传播开了。在英国，商店里出售的许多球衫、厚绒线衣、鞋袜……都印了他的名字。他还经常被邀请为电视、杂志做广告。他几乎是一位家喻户晓的人物。荣誉是好事，但往往也是坏事。

　　当了冠军，自然是说客盈门而爱慕者也颇多，几乎每天他都要收到厚厚一叠情书，然而这丝毫打动不了这位"球王"的心。他说，对于爱情，"我现在并不感兴趣"，"我的生命就是高尔夫球，我决心把自己所有的精力用在高尔夫球上"。几年来他的足迹遍及五大洲。即使在家中仅有的天数里，也不虚度，一大早便去球场操练。

美式橄榄球

　　20世纪的美国，棒球堪称"国球"。而后来橄榄球又风行美国。每当周末，只要打开电视机，立即就看到披甲戴盔的运动员在激烈争夺的场面，这就是当今美国民众最为喜爱的被称为美国第一运动美式橄榄球（American Football）。然而，使美式橄榄球成为现今这种形式，贡献最大的首推沃尔特·昌西·坎普（WalterC.Camp 1859—1925）。他一直是世界橄榄球运动发展史上最有影响，并且家喻户晓的人物，被誉为"美式橄榄球运动之父"。至今，还没有人能像沃尔特·坎普那样对19世纪中叶的"英式橄榄球"（Rugby Football）做出如此巨大而彻底的改革，并把它改变成今天这样真正的美国"国球"。

　　沃尔特·坎普，1859年4月7日出生于康涅狄格州的新不列颠，他具有一个运动员所具有的优秀素质。在进入耶鲁大学后，他的运动才能很快被发现，成为一名英式橄榄球队员。提起"英式橄榄球运动"，它产生于英国格拉比学校。至今这所学校校园里还立着一块碑，作为对新的运动项目产生的纪念。1823年在拉格比一所学校的足球赛中，一位球员因踢球失误非常懊丧，下意识地抢起球来就跑。这种明显的犯规动作却使有人从中得到启示，于是就出现了橄榄球运动，开始叫拉格比足球，因为这种球成椭圆形，像只橄榄，所以又叫橄榄球。1839年橄榄球运动进入剑桥大学，校际间比赛活动出现。1871年，英国橄榄球协会成立，并统一了规则。此后这种英式橄榄球运动传至美国、加拿大、澳大利亚等国。19世纪80年代传入美国后，在比赛规则上出现了重大改革，于是橄榄球就分为美式橄榄球（软式）和英式橄榄球（硬式）两种，而对这种改革和发展做出重大贡献就是沃尔特·坎普。当时，橄榄球运动由英国传入美国时是队员15名，没有候补队员，即使运动员受伤也不能替补。比赛分上下两半时，各40分钟。运动员戴头盔、越过对方球门线并置球于地面时得4分，再踢任意球越过对方球门横木增2分，其他情况下踢球越过对方球门横木得2分，以得分多者为胜。比赛开始是把球放在双方前锋线中间并列争抢位置，以后紧接着的自由拼抢，双方前锋都力争将球先向后转移至一名后线队员手中，此后线队员的任务就是通过跑、传或踢将球向前推进。这种"快速密集楔形"队形打法，在19世纪中期使其橄榄球运动从一种踢跑游戏变成一种野蛮的大打出手的粗野竞赛。公众对这种造成伤亡后果的暴力行为表示十分不满和愤怒。于是引起了体育界人士的极大关注。为了使橄榄球运动更科学化，并且使比赛得到有效控制，防止伤害发生。1880年，沃尔特·坎普向"美国大学校际橄榄球协会（A.A.I.F）规则委员会提出一系列改革方案，并获得改革实施的成功。也就是说通过坎普的改革，使"英式橄榄球"变成了"美式橄榄球"，使橄榄球运动在美国的发展形成了特色，并迅速使其他国所接受和欢迎。坎特的改革，在继承英式橄榄球其合理、科学的部分基础上进行了大刀阔斧的改革：首先将橄榄球上场比赛人数由15人减到11人，并且可以有替补队员。比赛分为4部，每部15分钟，比赛时运动员可以戴头盔，还可戴其他护具。带球至对方球门前得分区触地得6分，再踢定位球越过对方球门横木增1分，其他情况射门均得3分。持球队员被守方挤出端线，守方得2分。另外采取并列争球法开球，由中锋开球，将迅速后传开始比赛。沃尔特·坎普还提出了一种死球制度，即如果某队连续3次死球而未将球前推进五码以上，该队则必须放弃球。这样就避免了单纯控制球消耗比赛时间的倾向。这些具有历史意义的改革，促进美式橄榄球运动具有强大的生命力。

1889年，由惠特尼负责首次推选全美最佳运动员工作，后来由坎普负责此项工作，他倾注了毕生精力一直坚持这项工作，并将推选出的最佳运动员公布在《矿工周刊》上，对全美广泛开展橄榄球运动起到了有力的宣传推动作用。

坎普还擅长田径、棒球、游泳、划船等运动项目，他毕业于耶鲁大学后学医两年，后经商，但始终同耶鲁大学有密切联系，他在母校活跃多年，曾经担任过田径总教练与橄榄球总顾问，并担任"美国大学校际橄榄球协会规则委员会"干事长达48年之久。此外，他还积极从事体育科普创作，在报刊上发表大量介绍橄榄球运动以及其他运动的科普文章，对发展美国体育运动有重要作用。坎普于1925年3月14日在纽约逝世，终年66岁。

令坎普欣慰的是，美式橄榄球运动今日已成为美国人生活中不可缺少的一部分。每当比赛季节来临，球迷们欢喜若狂，他们把观看比赛作为一种够刺激的艺术享受。而美式橄榄球的发展，则又给人们提供了这种享受。在比赛中，人们不仅能看到精湛的脚踢技巧，准确的手传妙趣，而且还能如痴如醉地欣赏到粗犷奔放的进攻和勇猛潇洒的防守。这种既保留了英国"豪夺"风格，又融进了美国"巧取"精神的美式橄榄球，目前正在全世界蓬勃发展，显示出其无比强盛的生命力。

羽毛球赛场显身手

在离伦敦西部不远的地方，有个名叫"巴德明顿"的小城，那是鲍霍尔公爵的领地。当时，公爵和印度来往密切，公爵的侍从不仅从印度运来了香料、象牙，也带来了用羽毛做的小球。1872年，公爵在自己领地向客人们介绍这种球，并以该地名作为羽毛球的名称，称羽毛球为

《Badminton》，还在这次命名会上举行羽毛球表演。从此，羽毛球就被称为"巴德明顿"。其实，羽毛球在欧洲19世纪初就很流行。我们从两幅漫画就可以看出：滑铁卢战役1815年以后，出现这样一张漫画：画面上是俄、法两国将军在打羽毛球，漫画表现的拿破仑处于内外夹攻的狼狈状态。另一幅是画面是两位妇女打羽毛球，表现动荡不定的欧洲像羽毛球一样击来击去。这两幅画虽都是有政治意义的漫画，但确反映了欧洲在19世纪初就已经盛行羽毛球运动。在当时，特别是宫廷里流行羽毛球运动。法国国王费赖斯和费朗齐斯克一世，瑞士国王克利斯津纳都，俄国叶卡捷琳娜二世都是羽毛球运动爱好者。这说明，在欧洲羽毛球被命名为"巴德明顿"前就已经流行。不过是羽毛球被称作"巴德明顿"后很快制定了比赛规则，直到今天，这一规则也无多大改变。

英国公爵侍从由印度带回了羽毛球。这种羽毛球在印度是一种叫《POCNA》"普那"游戏。当时的球和我国毽子相似，即在直径约6cm的圆形硬红纸板中心挖个孔，插上羽毛，用线缠牢制成。这种羽毛球游戏的出现约在16世纪末。然而，现今体育专家研究发现。在14—15世纪的日本就有类似羽毛球运动的游戏。球拍是木制的，球用樱桃制作，将樱桃插上羽毛，晾干即成。这种球的出现要比印度"普那"的出现早100多年。由此，可以说羽毛球真正的故乡是日本。印度的羽毛球是由日本传入的。

羽毛球的技术比较容易掌握，运动量可大可小，且不受场地和气候影响，所以受到很多人的喜爱。

羽毛球运动在亚、欧、美、澳洲的不少国家流行。东南亚地区，如印度尼西亚、巴基斯坦、缅甸、斯里兰卡、泰国、马来亚、菲律宾等国尤为流行。其中印度尼西亚更有"羽毛球之国"之称。

最早的羽毛球比赛要数1899年英国伦敦举办的首届全英羽毛球锦标赛。每年举办一届，其盛况可与闻名遐迩的温布尔敦网球赛媲美。

第一个世界羽毛球组织创立于1934年的国际羽毛球联合会，当时只有9个会员国，总部设在伦敦。

羽毛球大赛除了全英羽毛球锦标赛外，还有国际羽联的世界男子团体冠军赛——汤姆斯杯赛和世界女子团体冠军赛——尤伯杯赛。每两年比赛一次。汤姆斯杯赛是为了纪念国际羽联主席的汤姆斯捐款1700英镑铸造一个高28英寸的金杯，赠给国际羽联作为男子团体赛的奖杯，尤伯杯赛是为纪念英国尤伯妇人而命名，尤伯妇人是30年代荣获12次全英羽毛球锦标赛的女子单打、双打、混合双打冠军的巾帼英雄。她为了表达对羽毛球的热爱，捐赠了一个奖杯，以此奖励获得世界女子羽毛球团体赛的冠军。

为了提高各国男、女团体实力水平，1989年5月举行了首届苏迪曼杯羽毛球大赛。苏迪曼被称为"印尼羽球之父"，他是第1届印尼全国羽协主席，并担任此职22年之久，1975年担任国际羽联副主席。为了纪念他的功绩，印尼羽联捐赠一只造价15000美元的金杯给国际羽联，命名为苏迪曼杯。1989年开始增设团体混合赛奖杯。

中国羽毛球起步较晚，但进步令人瞩目。仅1982年至1992年10年间就获得男子团体（汤杯）、女子团体（尤杯）9个冠军。女子还实现了尤伯杯赛五连冠。中国被称羽坛霸主。叶钊颖获4枚世界冠军奖牌，被称"霸王花"。

板球与土著人

早期的板球运动，在18世纪多半时间里一直在美洲殖民地流行，可能是出于反英国殖民者的情绪，到美国独立战争时板球运动忽然明显地被冷落了。到1759年，英国士兵将较现代的板球运动形式带到了加拿大，据记载在1785年举行过比赛。乔治·A.巴伯（GeorgeA.Barber）被称为加拿大板球之父，他组建了多伦多板球俱乐部，并于1829年将这项运动传到了加拿大大学。

1838年，由从诺丁罕和雪非耳来的移民组成的两支球队在纽约为100美元进行了一场板球比赛。这一年的晚些时间，长岛队与一支曼哈顿岛的球队举行了比赛，在曼哈顿岛的球队中有几位是来自雪非耳的运动员。1840年4月23日的圣乔治日（St.George'sDay），纽约的圣乔治板球俱乐部成立。同年8月，该俱乐部队在加拿大与多伦多板球俱乐部进行了一场比赛。当多伦多队于1844年回访纽约时，大约有5000名观众看了比赛，并且估计有50000美元用来作比赛的赌注。那一年成立了纽约板球俱乐部。

从英国来的纺织工人们于18世纪40年代将这项运动传播到了美国东北部的一些城市。在费城，板球运动变得十分流行。在英国移民中，板球运动的称号是"牛肉和啤酒"，并成了显示男子汉气概的借口，每场比赛之后总要大喝一顿。费城人做了一些向上流社会靠近的举动，1855年成立了一支向美国出生的公民开放的青年美国板球俱乐部，以示区别于英国移民。

当英国的绅士运动——板球，传到巴布亚时，就变成了另外一种样子，即"有失典雅"。比赛双方高唱战歌去参加比赛。最糟糕的是，这项运动的参加者几乎不知道比赛规则，当双方碰打在一起时，反而更觉有趣，并且常常以溜进大森林里而宣告结束。

1856年，一位英国传教士把板球带到巴布亚——新几内亚，借此项运动来释放男人们充沛的精力，减少当地各部落之间的战争。板球比赛的时间正是庄稼丰收的季节，在这个季节举行板球比赛，象征着富裕和昌盛，同时这一天，也是男人们在女人面前显示自己精力旺盛、刚劲雄壮的机会。开场仪式热闹非凡，一群男人女人唱着具有挑逗性的爱情歌曲进入场地翩翩起舞。然后，运动员唱着战歌入场，他们身上都涂满了可可油，用一个贝壳做甲胄，两队人数均有50—60名，比赛中间时常有一群人围着他们的同伴跳舞。

　　巴布里昂岛的人是信基督教的，但妖术却极具生命力，魔法也属于板球运动中的一部分。参赛的勇士在身上涂满了黑白颜色，如妖魂附体，时隐时现地在保护着人们，一块儿树皮作为护身符，固定在踝骨上，据说只有它才能使人跑得更快，并能给人勇气和力量。裁判就是巫士，裁判时很不公正，他常使用魔法来鼓起一边人的勇气，而使对方晕头转向。

　　在19世纪50年代，板球运动在纽约和费城发展很快。1853年又开始了加拿大与美国之间的全明星比赛，这项赛事每年进行一次，在纽约和蒙特利尔之间轮流举行，直到美国内战爆发时才停止。到1859年板球运动再次得到较大的发展。当全英格兰11队与纽约全明星队之间的一场比赛在新泽西体育场进行时，大约有25000名观众观看了比赛。到1860年，在布鲁克林和曼哈顿共有13支球队，费城有6支球队。但到了19世纪60年代，由于内战和迅速发展的棒球运动，使板球运动发展减慢了。

　　当1867年加拿大自治领成立时，约翰·A.麦克唐纳（John. A. McDonald）首相宣布板球为民族体育运动。美国内战后，费城板球俱乐部建立了大规模的板球室内球场。费城全明星队在哈利法克斯和新斯科夏对加拿大、不列颠队的比赛中取得了胜利，这一胜利成为费城俱乐部获得的重要荣誉。

　　但是当板球运动从一项业余运动演变为一种高贵的私人俱乐部运动时，棒球运动开始流行起来。由于第一次世界大战，所有运动项目都受到了影响，但那些成为20世纪的主要体育运动项目的运动在战后很快得到了恢复，而板球运动却没有做到这一点。

美式槌球运动

19世纪中叶在美国，人们十分喜爱槌球运动，在各种手册和杂志中，槌球被描写为"痴男痴女"们疯狂追求的对象。1867年，一首歌中称槌球游戏是田园诗般的理性娱乐，歌中唱道：

当红色的流浪者把一切都忘掉，
他悄声地说着恋人该说的话。
他轻轻地吻着她的双唇——
啊，多少神奇的槌球呀！
他们静静地坐在五月夜晚的月光下，
但我从她羞红的脸上看出她答应了，
我的心告诉我，
啊，那是槌球，那是槌球呀！

美国槌球运动来自英格兰，但美国槌球有自己的发展道路。美国槌球发展首先归功于体育用品制造商。最突出的是布雷德利，是他宣传槌球并促使竞争者去扩大草地运动市场。同年纽约的爱德华·布鲁克发明了由槌球而改进而来的比斯克特游戏，既可在室外，也可以在室内进行。

新的割草技术使在田园式环境中进行槌球游戏成为可能。1850年安德鲁·杰克逊，提议用铁丝网把羊圈在草场上，以免除人工剪草打槌球。后来有人发明了"槌球割草机"，用它来平整草地以进行郊区风味的槌球运动。

　　槌球运动在美国盛行，是由于槌球是一项有利于身心健康的娱乐，它是一项"科学的""有理性"的户外活动，能增进交往，提高道德水平。仔细地研究打槌球的规则及谋略，可以增强发展有益和值得追求的品质特性。《银河》杂志发表文章，这样总结槌球运动优点："它非常适合提高生活质量的思想，它是平静而有秩序，它训练耐心和不屈不挠的精神；它要求绅士风度，不发火的态度和宽容地考虑他人的权利。事实上，对一个好选手的首要要求是和蔼可亲和不自私，然后则是勇敢、沉着和智慧。"

　　槌球运动之所以受到美国大众的欢迎，还因为槌球可以起到铺平代沟的作用，对于出现危机的家庭来说，最重要的是进行一项家庭娱乐，在这个娱乐中，每个人都能参与。老年人体现其经验，中年人表现出其体力和细心，孩子们显现出活力和希望。

　　槌球的规则较少，使它可以灵活地适应整个家庭。它可以是16个人参加游戏，也可以只4人参加；它可以进行几小时，但因老人和孩子又可以大大缩短时间。它的场地可以在长30—100码，宽20—60码（0.9144米）之间选择。球门的设置可以有各种方法，完全取决于参加者喜好。木槌既可以从左到右，也可以由右向左击打，这样就可以方便各种裙装的女士。总之，槌球是一种适于所有人的游戏，既不会使纤纤少女太疲乏，也不会使勃勃小伙子感到乏味。当时，在欧奈达地区，人们都把槌球看成为妇女运动，它是唯一成功地受到农村妇女喜爱的户外运动。体育家指出：妇女的温文尔雅缓和了男人们过分竞争的倾向。妇女们以前一直被限制在室内缺乏生气的活动中。当时一些人在齐声抱怨妇女们健康太糟了，时髦的服装，久坐的习惯，文明引起的懒散被认为是主要原因。一家杂志警告说：我们的那些娇柔的贵妇人，由于不接触阳光出现的白皙的皮肤是一种不自然不健康的表现。因此，当槌球运动一经由英国传入美国，首先得到广大妇女的欢迎。19世纪60年代，像槌球这类妇女参加的运动，人们以优雅的风度举止参加，不是为了获胜，为了增进交往的荣誉感胜过了无道德们竞争。这是美国槌球运动发展中的特色。

风靡美日的棒球运动

　　这是一场美国66届全明星棒球赛。在美国人眼里，一年365天，只有三个季节：橄榄球、篮球和棒球季，他们对棒球的迷恋丝毫不在视其国球的日本人之下。棒球场上人山人海，看台上爆发雷鸣般欢呼声，渴望下面比赛会出现英雄人物。比赛开始，果然不出所料，赛场16号，这个在日本已连续四年获最佳投手称号的野茂，以其精妙绝伦的分指投球，即用中指和食指托球，这种投球轨迹多变化，球速以不同手指对球所施的力量大小而定（最高速可达每小时150公里）博得满场喝彩。只见他转手蓄势有如强弓满月，握球侧目恰似利箭待发，小球要以150公里时速一闪而过，要么像飞碟一般明明冲你而来却画出一条弧线绕你而去，或突然下坠，或横空直行，令击球手、接球手目瞪口呆，无从下手。这种叫"龙卷风"的投球令球迷大开眼界，全场为之振奋。

　　野茂，原日本太平洋棒球协会下属的一个"牛队"成员。他从小受球迷父亲熏陶，中学时就开始显露棒球天赋。1988年学会了令击球手胆战心惊的分指投法。同年他所在球队在奥运会上摘取银牌之后名声大振。因为与球队老板在训练方式上闹分歧，便转会到美国。野茂参加了美国明星棒球赛全部17场比赛，观众人数平均每场3.3万人，在洛杉矶多达4.5万人。他荣膺全美棒联"新人王"称号，他以分指投球在全明星赛上掀起了龙卷风，由西部横扫东部，每个家庭的电视机前，人人都争睹野茂投球。

　　在日本，棒球人口达6000多万，超过本国人口一半。少年、青年、成人棒球队数不胜数，大大小小的棒球场星罗棋布。只是东京就有棒球场

500多个。但在比赛季节里要借用场地，必须前两个月登记。每年全国性比赛分学校和职业两种。比赛从樱花怒放的春天开始，一直比到红叶满山的秋季。职业比赛最引人注目。全国12个职业队先在中央和太平洋两大系统比赛，各系统第一名才有资格争夺全国冠军。每队要经历130场比赛。

在日本，王贞治是最受日本球迷崇拜的棒球明星，被誉为"世界棒球之王"。王贞治是旅日华侨，祖籍浙江。1940年生于日本，母亲是日本人。中小学时就一面打球一面读书，1958年参加福田实验高等学校棒球队，天才初露，被巨人单球队吸收。第二年他出任这个队投手、垒手，声名鹊起。他创造了"金鸡独立式"击球技术，一举获得日本"本垒打"（将球击出后，完全跑完4个垒得1分）冠军。连续保持每年"本垒打"30次以上，达19年之久。9次被评为日本优秀选手，13次获得分冠军，15次获"本垒打"冠军。打破了美国运动员汉克·阿伦保持的世界纪录。因此荣获日本第一号国民荣誉奖。他曾任"巨人单"的副监督。

在日本为了适应群众的爱好，日本报纸伴音新闻中百分之六七十是报道棒球。电视每天播放比赛实况。在比赛高潮时，商店、餐厅很少有人光顾，出租司机也埋怨拉不到客人。

棒球是由英国一种儿童游戏（绕圈球）演变而成，19世纪初由英国移民传至美国。1845年，被美国誉为"棒球之父的亚历山大·乔伊·卡特赖特制定第一部棒球竞赛规则。卡特赖特是一名制图员和测量员，他经常在纽约附近与朋友打球，他认为当时实行的比赛方法和规则比较混乱，于是组织一些人研究，制定了一套棒球规则。更具有历史意义的是他还充分发挥其聪明才智，设计出一套理想的棒球场地。时至今日，棒球比赛仍在沿用。卡特赖特开创了近代棒球运动的新纪元，是他推动了棒球运动的发展。

19世纪60年代棒球迅速普及美国。1845年美国棒球开始职业化。1869年世界上成立了第一个职业队——辛辛那提队。19世纪80年代，美国成立了职业棒球大赛的两大联盟。进入20世纪后棒球更加普及和发展，棒球已成为美国人人爱打，人人能打的"国球"。

从19世纪起，随着美国国力的增强，对外活动的扩展也把棒球带到世界各地。首先拉美各国，后又传至日本。随后在日本棒球运动热起来，以至成为"国球"，风靡全国。在日美等国的积极推动下，棒球国际交往越来越多。1986年9月国际奥委会正式决定将棒球列为1992年巴塞罗那奥运会正式比赛项目。

手鞠·抛球与手球

公元前8世纪，古希腊就有供达官贵人消遣娱乐的手球游戏。1926年在雅典发现的墓碑浮雕上就有赞颂手球手精湛球艺的诗句。

中国早在公元前200年前汉代已有"手鞠游戏"，到唐宋两代则颇为流行。唐代的"抛球"是一种彩色的圆球，球上系有绚丽夺目的飘带，这种球同中世纪欧洲用作娱乐活动的"手球"很相似，只不过"手球"上系有小铃铛。

虽然"手鞠""抛球"与现代手球运动有一定差别，但它们之间确实存在奥妙的联系。现代手球运动起源于欧洲。据资料记载1917年德国柏林有一位体育教师叫马克思·海恩，从男孩踢足球时相互追逐冲撞中得到启示，于是发明了一种不冲撞，适合女孩子的游戏。随后1919年又由另一位体育教师将手球游戏做了一些规定，并选用了皮球使比赛更加精彩。这样在女孩子中间就流行起来，所以有的专家说，手球是起源于女子的运动。世界上第一次国际手球比赛是1925年在德国和奥地利之间进行的。1926年德国发起国际手球比赛，从此手球逐渐流传到北欧、东欧，50年代传入亚洲。

起初手球是11人制，60年代后被7人制代替。手球运动的优势，历来是在欧洲，尤其是东欧一些国家，像前苏联、南斯拉夫等国，群众基础好，手球运动很普及。所以过去一些国际性大赛，前几名经常被欧洲国家垄断。但是近几年随着这项运动在亚洲一些国家的推广普及，使亚洲的手球运动有了很大的提高。已经可以和欧洲人拼争一番了，如韩国男女手球队，在奥运会上，战绩辉煌，以攻击性的扩大多变防守体系迫使欧洲"力量型"的打法一筹莫展，望洋兴叹。男队夺得银牌，女队荣登冠军宝座，此举可以说对国际手球运动的发展起了一个不小的推动作用。

在亚洲手球圈内，中国、日本和科威特男队，中国、日本女队，其各自的胜负均决定于临战的士气以及各项技战术的发挥。值得一提的是科威特男队，几年来在南斯拉夫前国家队教练的训练下，有明显提高。频繁与欧亚各国交往比赛，融亚洲和欧洲打法为一体，技战术更加成熟。身材相对矮小的韩国队，它们之所以能跻身于世界强队之列，一个重要原因是树立了一种快速灵活的战术风格。在比赛中充分发挥其"灵、快、准、狠"的特点，配合熟练细腻，穿插跑动积极，外围攻击力强，射门点多面广。特别是外围远射，起跳突然，摆幅大，射点刁钻，是世界手球界"技巧型"打法的典范。

当然，随着手球比赛规则的完善，场上裁判判罚尺度更有利于"技巧型"打法的发展，而对猛拼硬撞的"力量型"打法判罚更加严格，这也是使动作灵巧机敏的亚洲人得以跻身世界强队之列的一条有利因素。

印度曲棍球的夺冠之路

印度曾获 1928 年第 9 届、1932 年第 10 届、1936 年第 11 届、1948 年第 14 届、1952 年第 15 届、1956 年第 16 届、1964 年第 18 届、1980 年第 22 届共 8 次曲棍球世界冠军，垄断奥运会曲棍球金牌 52 年之久，这在世界体育史上是罕见的。

印度所以有此壮举不是偶然的，具有深厚历史原因和社会原因。首先曲棍球在印度有广泛的群众基础，印度人民有长期爱好曲棍球运动的历史。据历史学家考证，约公元前 2000 年波斯印有用棍击球的运动，后经希腊传入罗马，中世纪法兰西称这种球为霍凯，意为牧羊人所执曲棍，传入英格兰后逐称曲棍球。

在中国，曲棍球也有悠久历史，远古唐朝就有类似曲棍球的活动，当时称为"步打"。王建的《宫词》诗说：殿前铺设两边楼，寒食宫前步打球，一半走来争跪拜，上棚先谢得头等。从诗中可以出步打也是清明节宫中的一种娱乐活动。

后来古代曲棍球几乎绝迹，一直到了数百年后，中国才由欧洲传入曲棍球。然而印度却由英格兰传到本国后，发展了这项运动。19 世纪在英国率先成立全英曲棍球协会，不久印度即成立印度曲棍球协会。到 20 世纪初，印度曲棍球初为国球，在全印度得到普遍开展，其运动技术水平有显著提高。在 20 年代初，印度曲棍球水平已经具有国际水平。

印度所以能 8 次夺得奥运会曲棍球比赛冠军的另一个原因是注意从广大青少年中培养尖子，也就是说印度曲棍球有深厚的群众基础，特别是注重从娃娃抓起，在儿童少年之中普遍宣传鼓励从事旱冰滑轮滚动曲棍球等活动。在印度许多城里十多岁的少年热衷于从事滚动曲棍球，在这里，滚动曲棍球是运动之王。滚动曲棍球与正规的草地曲棍球是两码事，无论是场地、参赛人数还是比赛规则，它都简单随意得多，孩子们只要能找到一块坚硬的平地，不管是学校操场、教堂停车场、网球场、溜冰场，还是街道的尽头，立马就地开战。

比赛时，队员须戴头盔，穿旱冰鞋，自由组队，双方各有一个球门，守门员穿着又笨又厚的防护衣，戴面具，活像一个星外来客。孩子们一玩起来特别投入，场上冲打喊杀声此起彼伏，劳累早被抛得远远的了。

天气好时，孩子们可以在室外平地上对垒，逢雨季时，他们便把球场挪到室内冰场上，冰上曲棍球与硬地曲棍球的规则完全一样。

有位小球迷说过，玩这个玩意儿，等于同时玩了曲棍球、滑旱冰和冰球，一举三得，好过瘾！现在全世界有100多个国家开展这项活动。1992年第25届奥运动会，德国和西班牙分获男女曲棍球冠军，这一结果使亚洲诸强为之震惊，特别对印度震动极大。印度还能否夺回冠军，世人正拭目以待。

中华武术的源起

武术是中华民族独具特色的一项运动。武术是以踢、打、摔、拿、击刺等动作为素材，遵照攻守进退，动静、疾徐、刚柔虚实等格律组成套路或在一定条件下遵照一定的规则，两人斗智较量形成格斗，以此来增强体质，培养意志，训练格斗技能的体育运动。武术具有悠久的历史传统和广泛的群众基础，是中华民族在长期生活与斗争实践中逐步积累和丰富起来的一项宝贵的文化遗产。

武术在我国有悠久的历史，它的产生可追溯至我国远古祖先的生产劳动。在原始社会生产力极为低下的社会条件下，人们为了生存的需要，就必须领先群体力量同自然界搏斗。在狩猎的生产活动中，人们不仅靠拳打、脚踢、躲闪等徒手动作与野兽搏斗，还拿起石头、木棒与野兽抗争，逐渐积累了劈、砍、刺的技能。这些原始形态的攻防技能是低级的，还没脱离生产技能的范畴，却是武术形成的基础。

到了氏族公社时代，部落之间经常发生战争，使用武力就成为掠夺财富的一种重要手段。在部落之间发生的战争中，由于使用了狩猎时的搏斗技术和捕获技术，军事技术也得到了进一步的发展。在氏族时期，部落之间互相掠夺财富，扩大领地。手中武器随作战的需要不断改进，在战场上搏斗的经验也不断得到总结。人们把在战争中比较成功的一击一刺，一拳一腿，反复模仿着，传授着，习练着。在战争中武器可做劈、刺、砸、斩、砍等动作。有时一个人可以携带几种武器，但是一旦武器脱手或损坏，就只好徒手搏斗。这时踢、打、摔、拿、转体、跳跃、闪等动作常常是必要的，有时是徒手对器械的搏斗，就更要看徒手者的训练程度高低了。为了战斗，不但要学会攻击对方，同时还要学会防守。因为战争中的搏杀不是在平等条件下进行的。因此，在实践的经验中，攻守搏斗技术是不断发展的。在战斗中成功的搏斗技术，可以说是一种初步的练武术活动。但是这仅仅是单调的不规范的武术，武术的规范动作和体系尚未形成。武术的一些技术方法包含在军事训练中。在漫长的历史进程中，武术与军事紧密相连，结伴而行。

武术作为独立的社会现象，是同中华民族文明的产生同步的。商周时期，出现了"武舞"。武王讨伐纣王前夕，用武舞来训练士兵，鼓舞士气。春秋战国时期，由于战争的需要，各诸侯国君都大力提倡武艺（掌握技击的本领在古代叫武艺）。据《荀子》说，"齐人隆技击"。齐桓公的宰相管仲，曾下过命令叫各乡把"有拳勇股肱之力者"，推荐给政府任用。《吴越春秋》记载越王勾践被吴王夫差打败了，栖于会稽，练兵复仇，遣使聘请越女，"问以剑戟之道"。《庄子·说剑篇》记录了当时剑法的要领："示之以虚，开之以利，后之以发，先之以至"，成为后来剑法的基本要领。当时不仅盛行击剑，文人佩剑蔚然成风。"赵文王喜剑，剑士盈门而容三千余人，日夜标击于前。"剑客、剑士、剑家（师）的出现，反映了剑术已开始从军事战争中脱胎出来，步入宫廷和广大民间，与军中武艺并行不悖。以上说明击技在春秋战国时期，有一个较大的发展。更为重要的是当时的军事家不仅认识了练习技击可以直接提高作战能力，而且"可以强体"，提高军队成员的作战素质。这就为击技的广泛发展奠定了重要的思想基础。

击技中的攻防技术是一对矛盾，是相互制约，相互促进的。每出现新的进攻技术，就会有新的防守动作的产生；每出现新的防守动作，就会有更新的进攻动作的产生。这样攻防技术不断完善，不断发展。

击技是中国武术发展的主要源头，但不是唯一的源头。世界上各民族在其发展的过程中，都创造了各种兵器的使用方法，兵器也都有各自的特点，都有击技，徒手格斗也是一样，但都没有发展成为中国武术这种具有艺术色彩的防身运动。中国武术除去击技以外，还吸收了武舞折技巧，才成为具有美的运动。

干戚舞、大武舞，都是古代的武舞，另外还有单人的武舞，如大象、大夏。据《礼记内则》上规定，奴隶社会是十分重视舞蹈的，在各种祭祀和宴礼中都要跳舞。如祭山川时跳兵舞，祭社稷时跳帗舞，祭四方时跳羽舞，祭旱神时跳皇舞。在奴隶社会，这种广泛开展舞蹈活动，使舞蹈在社会上有着深厚的基础，并推动了舞蹈向各方面发展。到了战国末年，剑术和舞蹈结合，就创造了剑舞。《史记·项羽本纪》记载"鸿门宴"会中项庄以助兴为由拔剑起舞意在刺杀刘邦的故事。这种剑舞即可单人舞，亦能作双人舞，进退击刺必有一定之规，才能互相配合协调，达到赏心悦目的效果。这种舞蹈虽其有娱乐性，从技术上更近于今天套路形式的运动，而不近于舞蹈。从剑舞的发展演变过程来说，舞蹈也是武术最初的源流。

裴曼是唐代有名的剑舞家，他的剑舞，已不仅仅是配合音乐七拍的击刺进退，而是糅合了杂技的技巧表演"左旋右抽，掷剑入云，高数十丈，若电光下射，日引手执鞘承之，剑透空而下。观者千人，无不悚惧"（《独异志》）。裴曼把这种杂技技巧糅合于剑舞之中，遂使剑舞更为生色。宋以后的武术套路，不仅有掷接兵器的技巧，还有空翻、旋子、劈叉、空中转体等技巧动作。这使得表演惊险神奇，热烈感人。

裴曼的剑舞已具有武术的特点，它既有左旋右抽的击技，又有舞蹈动作，还有掷接兵器的技巧，为以后的武术发展奠定了基础。从剑舞的发展演变过程来说，舞蹈和技巧都是武术最初的源流。

从蚩尤戏到摔跤

摔跤产生于原始社会，相传4000多年前中国河北一带民间就有蚩尤戏，便是摔跤运动的萌芽。蚩尤是黄帝时代的一个部落，崇尚武力，凶残强悍。据《述异记》描写："蚩尤氏头上有角，与轩辕斗，以角抵人，人不能向。"蚩尤头上的角自然不是长出来的，而是指他们平时喜欢装扮成野牛模样，头顶戴上牛角一类的东西，三三两两相互抵触、争斗。这种游戏在民间广泛流行，后人称之谓"蚩尤戏"。

摔跤在世界各国都有悠久历史。角力早在古埃及、罗马、希腊都十分盛行，即可强健身体，又可武装部队。国王常常把有声望的选手作为保镖，创办角力训练所，派最强摔跤手到国外比赛，通过摔跤手的胜利显示本国强盛。在古代奥运会就有摔跤比赛，不过那时的比赛是颇为野蛮残暴的，多与拳击、械斗结合，目的是将对方制服或整死，比赛往往发生流血场面。随着人类进步和社会的发展，人们逐渐改变了对摔跤的认识，并制定了比赛规则，摔跤运动才渐渐文明起来。

我国宋代摔跤，虽可以使用拳脚，有时也会发生死亡事件，但比赛多半是以摔、绊等技巧，把对方摔倒为胜。这时称摔跤比赛规则，叫"社条"，称裁判为"部署"。赛前双方都要立生死文书。这在《水浒全传》第104回对王庆与段三娘的比赛中描写得很具体："王庆见她是个女子，又见她起脚就有破绽，有意要她，故意不用快跌，也拽双拳吐个门户，摆开解数，那女子见王庆只办得架隔遮拦，没本事钻进来，她便觑个空，使个黑虎掏心势，一拳望王庆劈心打来，王庆将身一侧，那女子打个空，收拳不迭被王庆就势扭撅定，只一跤，把女子撷翻，刚刚着地，顺手又抱起来，这个势叫作"虎抱头"，这是以巧取胜的动作，这说明宋代摔跤是以巧为胜。在《角力记》中记录了这样一首诗："黑汉勾却白汉颈，白人捉住黑人腰，如人要辨输赢者，直须墙隩始一交。"这首诗也说明了当时摔跤是以巧取胜，倒地就分输赢，不必一定"扑杀"或"撺下台"，这是我国摔跤史上的一种文明进步。

在宋代已经有了全国性比赛。据记载，"若论护国寺南高峰露台争交，须择诸道州膂力高强，天下无对者，方可夺其赏。"如头赏者可得奖品旗帐、银杯、彩缎、锦袄、马匹等。然而世界性国际比赛到20世纪初才有。1912年国际业余摔跤联合会成立，总部设在瑞士洛桑。以后才每年举行一次世界摔跤锦标赛。近代摔跤运动有了迅速发展，东欧、西欧、北美等国不仅将摔跤作为重要比赛项目，而且还是一些中学、大学的专门课程。前苏联的国际摔跤水平居世界首位。第25届奥运会上，他们夺得全部20枚金牌中的6枚，显示了摔跤大国的实力。

一个有趣的现象是：没有哪种体育项目像摔跤活动那样，为不同民族不同文化集团的人们所共有。可以说，凡是有人类生存的地方便有摔跤活动。学者们研究认为，这同人类原始状态下的配偶选择和领袖选择有关。

在动物中，与有着共同食物来源的物种竞争，实际上是以完善、强大该物种自身的方式来间接进行的。为了把族员中最优秀的性状遗传给后代，通过优生繁盛壮大族群，物种内部从来就存在淘汰弱者，挑选强者的机制和行为，这就是"性选择"。性选择的主要方式便是达尔文所说的"战斗法则"的雄性武力竞争。这种竞争同样存在于几乎任何民族。但人与动物间有明显区别。动物"性选择"导致雄性间战斗极为残酷，有时以消灭对方肉体为结果，而人类（原始人）主要是通过竞力方式来完成这一选择。

世界各民族曾存在过以竞力的方式取得婚配权利的习俗，且这种竞力方式是多种多样的。而摔跤运动，既是力的竞争，又是男（或女）人体美的展示，故而可称为"性选择"的最佳方式。这就是为什么摔跤运动成为几乎世界各民族喜爱的原因。

一箭双雕的运动

用弓箭是人类最古老的技艺之一。据载，全世界除澳大利亚外，各种形式的弓箭都主要用于作战和狩猎武器。弓的发明远在公元前30世纪，其意义可与火的使用意义同等。西班牙卡斯特利翁地区附近洞穴岩画绘有使用弓箭狩猎的情景。在出土文物中早就发现峙峪人用的石箭头。在古希腊传说中有众多的英雄人物是弓箭手。传说宙斯的女儿，阿波罗的孪生姐姐阿尔忒弥斯就是一个优秀的射手。她经常带着一把弓和一个箭袋，掌管狩猎，她喜欢追扑猛兽，她经常坐在两头牝鹿拉着的车子上，手执金缰驰骋原野间，水泽仙女们在她身边前呼后拥，猎犬在前头，她追野鹿、逐山猪，她对这些野兽从来箭不虚发。当她满载而归，筋疲力尽时，就去找弟弟阿波罗，她把弓和箭袋挂在一棵树上，换上镶着珠宝的衣服，获得丰富的业余生活……后来她还在沐浴中射杀了俄里翁。从这传说中我们可以看出人类古代狩猎或战争都少不了弓箭这个有力武器。

中国古代发明弓箭时间也很早，新石器时代，许多遗迹都发现有石箭头，表明那时弓箭已普遍使用了。摩尔根在《古代社会》一书中，把弓箭使用，作为由中级蒙昧社会向高级蒙昧社会过渡的一个标志。他说："由于有了弓箭，猎物便成了日常食物，而打猎便成了普通的劳动部门之一了"。弓箭的使用对上古社会进步起了极大推动作用。由于弓箭具有强大杀伤能力，增加了人类征服自然的能力，善射的英雄受到人们的尊敬，并寄托以富有想象的希望，于是便产生了上述希腊阿尔忒弥斯英雄故事。在中国也便产生了"羿射九日"的神话。

春秋及战国初期，弓箭这种原始社会猎具成了一种兵器，这时又出现了弩，弩在发射时，先把弦张在搬机上，射时扣动搬机，弦离机而箭射出，它较之弓弹力更大，发射的箭飞得更远。

"战阵之上，洞胸彻札，功必归于挽强者。"弓弩用手拉弦张开的叫臂张，而强弩需用脚踏才能张开，谓之"蹶张"。汉画像石中的"蹶张"中，武士头戴布帻，口衔羽箭，脚踏弩背，双手控弦，活现出一个脚踏强弩的武士形象。

战国时期，"孙、庞斗智"的故事，说的是，公元前341年，齐国在援韩攻魏的战争中，依孙膑计谋，直取魏国都城大梁，迫使庞涓领兵离韩追齐，孙膑在马陵设下伏兵并在一棵树干上削去外皮，上书"庞涓死于此树之下"并命令伏兵晚上看到火光，一齐放箭。庞涓追兵果如所料，在这天夜里来到这棵树下，让取火观字，还未看完，齐军万弩齐发，魏军大乱相失，庞涓自知智穷兵败，乃自刭。从这段文献看，弩在战国中期的战争中已大量使用，它的发明至迟应在战国初期。

到了汉代，弓箭不仅是轻骑部队的主要武器，而且也仍然是狩猎的优良猎具，汉代狩猎风气很盛，因此汉画像石中不乏这类题材的画幅。"骑田射猎"中，右边一人骑马持弓猛追猛虎，马前尘土飞扬，虎似受伤逃遁，另一人手持长矛，飞步已至虎前，将要一枪格杀猛虎。

西汉时的飞将军李广，平时非常喜欢狩猎，一次他在夜间出巡，"见草中石，以为虎而射之，中石没矢。"《荀子·劝学》中说："百发失一，不足谓善射。"也就是说，一个射手，如果射100支箭，有一箭未中，也不能称之为"优秀射手"。说明古人对射箭的严格训练。中国古代是这样，世界上一些文明古国也是这样。据记载，古希腊为了训练培养女子射手，竟先要训练将右乳房压扁，以便提高射箭瞄准技术。因此，古希腊不但有许多男子优秀射箭手，而且还涌现出不少像阿尔忒弥斯这样女神箭手。古典希腊绘画也反映了这种情况。

13世纪至15世纪后半叶，英格兰人使用的弓主要是大弓。在百年战争中，英格兰人在克雷西、普瓦捷、阿金古尔等地大捷，主要是靠弓箭取胜。可见弓箭在历史上曾具有重大的军事意义。

早在第一次世界大战前，英法两国曾多次举行射箭比赛，这是国际射箭之始。然而，作为独立的体育项目进行比赛，最早出现在英国。1844年英国举行第1届全国性射箭比赛，并于1861年成立了世界上第一个射箭协会。1931年国际射箭联合会成立，同年在波兰里沃夫举行了第1届世界射箭锦标赛。项目只有30m、40m、50m射靶。每一射程射24支箭，名次按每个射程的成绩从高至低依次排列，不分性别。

1985年10月，在汉城举行第33届世界射箭锦标赛期间召开了国际箭联代表大会，通过了新修改的淘汰赛竞赛办法，并决定此后国际性比赛均采用这种办法。

1984年第23届奥运会，中国选手李玲娟以2559环成绩获个人女子双轮全能亚军，并打破5项奥运纪录。

景公学射

　　春秋战国时期诸侯兼并，战事频繁，这使射箭有了更大发展。魏国政治家李悝下了一道"习射令"，规定人们如发生纠纷，要打官司，就叫他们比射箭，谁射得准，谁就赢了官司，这道令虽不合理，但对鼓励人们习箭却起了巨大作用。越灵王为了尚武强国，不畏保守派反对，毅然下令老百姓脱去宽袍大袖的汉装，改穿便于习武的胡服，均学骑射。在这种君臣百姓人人学射的形势下，齐国国君也要习箭。齐国国君齐景公名叫杵臼，是个喜爱"饮酒、鼓琴、弋猎"的人，他的箭法不高明，经常行猎空手而归。此人缺乏勤学苦练精神，更是缺乏自知之明。总是片面认为他的弓箭不佳，于是下令寻找能工巧匠，为他制造得心应手的弓箭。

　　景公派出差人听到下蔡地方有夫妇二人，祖传制弓之术颇有名气，遂前往聘其来齐。弓人夫妇俩随同差人来到临淄后，根据传统方法和自己的实践经验，先从选择优质弓材入手，东自齐鲁，登"泰山之南"采伐以"乌号之弓"闻名的柘木；继而西进荆楚，深入林海，捕捉奔驰迅捷的麋鹿，抽取"荆麋之筋"；后又南下吴越，漂泊江湖，网鱼择鳔，为熬炼"阿鱼之胶"之用；最后又北上燕赵，寻找长2.5尺以上，光泽晶莹的"骍牛之角"。回到临淄后还准备了优质蚕丝和油漆。前后费时一年有余，跋山涉水历尽千辛万苦，才将制弓身、弓背、弓弦、弓矢等所需材料备齐。

　　聪明、勤劳的夫妇按照"冬析干、春液角、夏治筋、秋合三材、寒奠体"施工程序，冒着酷暑严寒，苦干了一年多，才将弓箭制成，献给景公。

这位箭法拙劣，又缺少自知之明的景公，等了三年好不容易见到了新制弓箭，满以为可以显示本领了，于是亲临射圃，召集群臣，兴师动众，看他表演射箭。只见他弯弓搭箭向箭靶射去，谁知只射在靶侧，不仅没射中靶心，发箭力量也很微弱，连三扎也不能穿过。群臣们在偷偷发笑。景公恼羞成怒，要杀弓人。

既擅长制弓又精通箭法的"弓人之妻"，听说这一消息后，挺身而出。由于封建社会文人轻视劳动人民，在记载中未提及制弓夫妇俩的姓名，仅留下弓人（老翁）和"弓人之妻"老妇人的代称。她毅然上殿同景公辩论说理，她说：这副弓是我们选"天下之练材"，按最好的规格标准制作的，怎么会射不准，射不穿三扎呢？常言道，奚公制造的车最快，但它不能自动运转，还需要善于驾驭；欧治子锻打的龙泉宝剑最犀利，但它不能自动断物，需要善于使用；我们制造的弓箭再好，没有掌握正确的技术，也不能发挥其效能。景公听到后觉得很有道理，就消除了怒气，用平静的口气问道："那你能否告诉我学会射箭的诀窍？"弓人之妻微笑着说："如果说有诀窍的话，那就是刻苦训练，掌握要领。"射箭要经"白矢、参连、剡注、襄尺、井仪"五步，即"左手若附枝，掌如握卵，四指如断短杖，右手发之，左手不知"，这才是射箭的诀窍。

景公听了以后，很受启发，决心按她所讲的五射步骤刻苦学习，逐步提高了技术。再次试射时，一箭竟穿七扎（七层软甲叶厚的箭靶），因而十分高兴，并立即释放了她的丈夫。

这一历史故事，充分反映了春秋时期的劳动人民，制作弓箭技术和射箭技术均已达到相当高的水平，也反映那时劳动人民已经积累了丰富的射箭教育的经验。并也说明事在人为，器在人用的哲学道理。齐景公得到良弓，由于技术不精而"射不穿三扎"，一旦掌握了正确技术后，用同样弓箭可"穿七扎"。射箭的道理是这样，做其他事情也不例外。

古代的"后羿"们

中国古代产生许多知名的神箭手。其中首推后羿，他射法高明，百发百中，羿的射法出了名，就有许多人跟他学射，逢蒙是羿门徒中学得最好的一个。逢蒙是个心术不正的小人，他以为除去羿，射箭英雄就数他了。于是他一心想把羿除掉，一天，他乘羿打猎回来，躲在树林子里，一连向羿放了十支暗箭。羿躲过了九支，等第十支箭射到喉前时，羿一低头咬住了箭镞，使逢蒙大为震惊，深知羿的本领确实比他高强。

春秋战国时代是一个战火纷飞，兵革不息的时代。战争的需要使习武之风遍于民间，造就了许多名将武士。

养由基生于楚国，自幼爱好射箭，当他初有成绩时，便沾沾自喜起来，一次他携带弓箭外出郊游，引来数十个围观者。养由基射出一支好箭后，人群中发出了热情的赞扬声。正当养由基得意洋洋、旁若无人之际，一声与众不同的冷笑刺激了他。他四面搜寻发笑人，嗬，原来是个卖油老翁，养由基又羞又恼：一个卖油老头有何技能，竟敢嘲笑于我呢？

卖油老翁见他满脸不高兴地瞪着自己，便笑呵呵地说："射箭和打油一样，练的日子长了，才能娴熟起来。"说着，老翁把一个小钱放在油罐上，拿起油提就倒，竟没有一滴油沾在小钱的方孔上。

养由基看了，大不以为然，他自负地说："射箭是我的天赋，至于打油嘛，那简直如儿戏一般，不值一提。"他说完便抓起油提动手，但油提并不听他使唤，倒进油罐的油还没有洒在外面的多呢，养由基羞得脸红脖子粗，他惭愧地请老翁原谅他。

卖油老翁却笑微微地说:"你看,事无巨细,要想做得精,全凭功夫下得深啊!学箭也是一个道理,只有勤学苦练,戒骄戒躁,才可能达到出神入化的境界。"

养由基连连点头,认为老人说的话很有道理。自此以后,他不分冬夏寒暑,不分白昼黑夜地苦练,时常对照一个目标瞄准,一瞄就好长时间,艺精于勤。养由基终于练出了超人的本领。有一次养由基去战场打仗,因他是楚国的一员小将,在晋楚鄢陵的战役中,他一箭射死晋国大将魏锜,遏止了晋军进攻,受到楚国王赏赐。楚军中另一员小将叫潘党,也是一个神射手,他不服养由基的本领,便找养由基射箭比赛。在射圃中立了靶子,站在百步之外,两人射了十箭,都是箭箭中的,不分雌雄输赢。于是有人想出个主意,在靶场边的杨树上,染红了一片叶子,两人都射这片叶子,结果潘党没射中,养由基却一箭射中杨叶。潘党还是不服气,又提出第二项比赛:射胸甲。潘党叠了五层甲,一箭洞穿,养由基又增加两层,射穿七层胸甲。"百步穿杨""射穿七札"的典故便由此而得。

中国古代关于另一个神箭手纪昌的传说,也许更为动人呢。

年轻的纪昌拜神箭手飞卫为师,他急于要老师传授射箭的诀窍,满心希望一朝之后,便成为驰名天下的神箭手。

卫飞却对纪昌说:"射箭没有诀窍,要想箭法高,必须练好基本功,你回去,首先练习看东西不眨眼睛吧。"

纪昌回到家中,终日卧在妻子织布机下,盯着往来如飞的梭子目不转睛,一看就是两个春秋。为了检验自己的成果,纪昌让人拿锥子来试试,那人高高地举起锥子,猛地向着纪昌眼睛扎下来,但纪昌双眼一动不动。锥子到了眼前不远处停下了。哦,第一道难关通过了。纪昌高兴地跑到飞卫那里,报告了自己的成绩,要求立刻学射箭。飞卫笑笑说:"不行啊,你的基本功还不全面,现在该练目光尖锐。待你看小东西能变大时,再来找我吧。"

纪昌回家,用头发缚了只虱子系在窗棂上,他站在远处天天看,月月看，小小的虱子越来越大，三年后，虱子竟像轮盘那样大，于是他用一张小弓朝着虱子射去，正中虱子中心！

纪昌兴冲冲地向老师汇报练习成果。飞卫高兴地拍拍他的肩膀说："好小子，你的基本功练的合格了，现在就开始练箭吧！"

几年后，纪昌终于成为当时著名的神射手。

历代以射法闻名的高手，更是层出不穷。如汉朝李广"射石没羽"，北齐的斛律光"射落大雁"，北周的长孙晟"一箭双雕"，唐朝的薛仁贵"三矢定天山"，宋代岳飞可以"左右手射"都是在广大人民群众中广泛开展射箭运动中产生的，也说明射箭在我国有广泛的群众基础。

干将莫邪大冶铸金

剑是世界上最古老的武器之一，而早期的剑并不是金属铸成的。考古学家发现，早在旧石器时代，古代人就制造有各种粗糙石器，其中有一种呈三角形的尖状器是由石英片加工而成，可以用以击、刺各种野兽，这是剑的最早雏形。

在旧石器末期，人类发明了用兽骨和兽角做的剑尖，有了这种锐利武器，就可以猎取更多的动物。到了新石器时期，有些地区氏族把细长的石片镶嵌在兽骨两侧，做成石刃骨剑，这种剑更锐利，对野兽有更大的杀伤力。在法国索留斯特有一个悬崖，考骨学家在它下面挖出大量兽骨，其中最多的是野马骨骼，至少有10万匹野马的兽骨。有许多被敲碎了，还有杀过的痕迹，专家们认为，这是原始人用骨剑或投枪围猎的痕迹。

在一些反映古代欧洲历史的影片中，经常可以看到两个人为了爱情的争执，或对于某些事情的赌气不平而持剑相拼，进行决斗。作为运动项目的击剑运动就由此演变而来。古代人相拼或格斗，最初是以木棍相斗，有的民族或部落木棍较长，格斗场面激烈异常。前英国殖民地新几内亚人狩猎时格斗最终要刺死人的。还有继承王位的格斗始自酋长国，这种王位继承格斗，如果王的体力胜于对方，则王位就有保证了。因为王的体力被看成是国力强弱的标志，因此酋长国王位一般都选一个体力充沛、魁伟的人参加格斗。

后来，人类学会了炼铜，用铜制造工具，人们又在无意中把铜矿石和锡石矿一块冶炼，得到的更坚硬的合金，这就是青铜。人们广泛使用青铜的时期称为青铜时代。古埃及用青铜制造青铜剑，已经将剑用于双人对刺，不过左臂小臂上全部有木板做的盾。在古罗马也发展成斗剑竞技。残忍的罗马斗剑竞技制度，原来就是作为葬礼竞技而举行的。

在古老的中国，在河南县出土文物中就发现西周末年的4把青铜剑，剑基是圆柱形的，上面有一个圆形剑首，没有剑格，剑上有突起的圆棱。

宝剑作为尚武的标志，深受古人欢迎。古代帝王将相仁人侠士，都以佩剑为荣。在春秋战国时期，由于战争频繁和冶炼业出现，使铸剑水平又提高一大步，涌现出一些手艺出众的名匠，铸出一批"削铁如泥"的宝剑。

相传有个叫欧治子的人，他接受了楚王要铸造宝剑的命令，到江南各地去寻山访水，走了许多地方，终于在浙江省的泰濬山南侧山脚下，找到异常寒冷清彻的井水和优质的铁矿石。于是他就留下铸剑，在冶炼的过程中雷声滚滚，电光闪闪，有好几条蛟龙在熔炉旁守护着。后来终于铸成了雌雄双剑，放在井水中淬火，剑身竟然出现北斗七星和五色蛟龙。于是一把起名叫"龙泉"，另一把叫"巨阙"。龙泉剑后来扬名四海，流传千年。唐代著名诗人郭震任通泉尉时，著有《宝剑篇》，这首诗淋漓尽致地描绘了龙泉宝剑的特色。全诗是：

君不见昆吾铁冶飞炎烟，红光紫气俱赫然。

良工锻造凡几年，铸得宝剑名龙泉。

龙泉颜色如霜雪，良工咨嗟叹奇绝。

玻璃玉厘吐莲花，错镂金环映日月。

正逢天下无风尘，幸得周防君子身。

精光黯黯青蛇色，文章片片绿龟鳞。

非直结交游侠子，亦曾亲近英雄人。

何言中路遭弃捐，零落漂沦古狱边。

虽复尘埋无所用，犹能夜夜气冲天。

击剑活动，也以吴越地区开展最早，也较普遍。古代著名的女击剑家，就是出自越国，被越王勾践封为越女，聘为军中剑术教练。

中世纪，击剑在欧洲是武士们掌握的一种格斗技术。到15世纪初，由于发明了火药和枪炮，击剑渐渐失去了军事价值，越来越向健身和表演的方向发展。1776年法国人布拉乌西发明了击剑护罩，从此击剑运动变得相对安全。同时，战术也发生了变化，速度更快，动作更复杂。同时期，瑞典人凯尼哥斯马克改造了花剑，把剑身前三分之二部分铸细，使剑变得轻巧灵活。后来人们又在剑尖上加个圆垫，以免伤人，从此出现了花剑。19世纪中叶，由于当时决斗风气很浓，为了恢复击剑实效性，出现了重剑。1896年第1届奥林匹克运动会上就有了花剑和佩剑比赛，1900年第2届奥运会又增加了重剑。1924年第8届奥运会又有了女子花剑比赛。从此，击剑运动终于走上运动竞赛的道路。

祖逖闻鸡起舞

　　午夜已过，一切都显得那么寂静，江南的山野荒村，时而传来几只野狗的吠声。过了一会，雄鸡放开了嗓门，一遍一遍高唱，好像在唤醒人们去奋斗，去进取，又好像在召唤着黎明的来临。一唱雄鸡天下白。

　　这时，有一对青年，正抵足而眠，他们的友谊交往颇深，情同手足。在这万籁俱寂的夜中，其中一个突然听见鸡叫声，马上惊醒，用脚蹬了一下在脚下的同伴，说："起来罢，你听，这是多么诱人的声音，它在召唤有志者，惜寸阴，去努力奋斗！"

　　于是他们都起床了，提着刀剑，来到院中，伴着朦胧的月光，精神抖擞的对舞起来。这就是中国古代有名的"闻鸡起舞"故事的来历。

　　这个故事的主人公叫祖逖，字士雅，晋朝范阳道，今河北涞水县人。他的伙伴叫刘琨。祖逖少年时死了父亲，从小失去了良好的家庭教育，不知道学习的重要性。到十四五岁还目不识丁，但他为人性格却很好。从小有理想、有抱负。他轻财仗义，乐于助人，面对当时动荡的社会现实，他已意识到"天下将乱"的危机。为了施展自己的抱负，他出门远游，往来京师，广结天下俊杰豪士。刘琨就是远游时结交的朋友，他们志趣相投，一见如故，在游历中，特别是在友人影响下，他已认识到学习的重要性，要干一番事业，没有丰富的知识和强健的身体是不行的。于是他和刘琨在一起白天发奋读书，不论古今典籍，文武韬略，都认真涉猎和披览。每天都要读到深夜，他们相互切磋，互相鼓励。这样，祖逖的学业进步很快。同时，他们在奋发学习的同时，十分注重锻炼身体。每晚睡上片刻，只要雄鸡一啼叫，便振身奋起，练习武事，锻炼身体，他们的武功，特别是剑术进步很快。当谈论起世事时，有时激动得彻夜不眠，互相激励说：若四海鼎沸，豪杰并起，那时我们也要施展抱负，大显身手。几年来，不管夏日炎暑，冬天寒雪，从来不间断一日。

不久，京师果然大乱，北方匈奴族贵族刘渊，攻占了晋朝的京都洛阳，晋朝的皇族官僚、显贵豪富都纷纷南逃，在南京又建立了东晋王朝。祖逖也带着乡里宗族逃到南方。他深感家破国亡的耻辱，所以"常怀振复之志"。祖逖认为这是为国为民施展抱负的大好时机。他上书晋元帝，请求北伐。在祖逖义正词严和高度爱国激情的感召下，晋元帝答应了祖逖的请求。封他为奋威将军兼豫州刺史，但一个士兵，一件武器也没有，只是一个地地道道光杆司令。祖逖并不灰心，他召集了宗族中的百十人，亲自驾着战船，渡江北上。祖逖站在船头，迎着江风，昂首眺望着远方，想到江北那片沉沦的国土，心中无限悲愤。浪花拍打着船舷，发出有节奏的声响，好像在催人奋发进取！他紧紧握着船桨，又想马上就可以金戈铁马，驰骋中原，心中无比激愤。船到中流，祖逖更是豪情满怀，壮志凌云，他用力举桨，狠击着迎着船头的浪花，大声地发出了振奋人心，摇撼古今的豪言壮语："祖逖不能清中原而复济者，有如大江。"意思是说，我祖逖不能收复中原，决不复渡江而回，一定要像长江一样，奔流向前，永不回头。

后来他果然事业有成，为祖国人民立下功劳。祖逖闻鸡起舞的事迹流传和影响颇深。"闻鸡起舞"已成为胸怀远大抱负而刻苦学习和锻炼的同义词。在晋朝后的千年历史中有许多名人效法祖逖，闻鸡起舞，刻苦学习和锻炼，驰名中外。其中古人中最有代表性的是宋代辛弃疾。

辛弃疾是我国南宋时期文武兼备的民族英雄和爱国词人。

辛弃疾小时候，就听他祖父讲过祖逖闻鸡起舞的故事，他从7岁学剑，到10岁时他的剑术相当熟练了。在金人南侵时，家破人亡，流离失所。他的父亲很早去世，在7岁时由他祖父辛赞抚养并教他练剑。辛弃疾学剑毅力很强，他以祖逖为榜样，闻鸡起舞，剑术不但提高很快，而且身体锻炼得结实强壮，比他同岁的人高过半头，又培养了勇猛无畏的精神，虽然只有十来岁，却胆气过人。一天晚上，辛弃疾正在刘老爹指点下练剑，突然从门外传来一阵嘈杂的马蹄声和一片凄凉的哭叫声。辛弃疾收剑走出门外，只见一群双手背绑的村民，在金兵扬鞭抽打下，正向村头走去。他们的爹娘跟在后面，牵衣顿足，哭声不绝。

"刘老爹，金兵为什么抓人？"

刘老爹叹口气摇摇头说："还不是交不上金人租税。"

"刷"的一声，辛弃疾拔出宝剑，飞步跑向村头一堵高墙后面躲起来，当被捆绑的村民从墙边路过时，他躲过金兵，抽身上前，拉住一个被捆青年，迅速用宝剑割断绳子放跑了这个人。

1161年，辛弃疾率2000人队伍攻入济南。在反金的斗争中，他"上马杀狂虏，下马草军书"，只身飞马斩叛贼，神箭奋威退敌兵，成为赫赫有名的民族英雄。辛弃疾部下好友马全福，有一次问他："您作战勇猛，箭法熟练，骑术高超，身体又壮实得像个水牛，有什么诀窍吗？"辛弃疾笑了笑说："没有春风，焉能有秋雨，我的诀窍，就是闻鸡起舞，苦练再苦练！"

闻鸡起舞至今已成为中华民族健身强体的优良的民族传统。黎明即起，闻鸡起舞，这是先贤家教，猛士诗情，铭刻着中华民族古来早起锻炼的好传统。它乃是神州一宝。

时至今日，晨练之风遍神州，成了独领风骚的现代民俗景观之一。在公园处处，林荫路边，河湖水滨，那锻炼的人群千姿百态，五花八门。博纳中西，外练筋骨皮，内练精气神的种种锻炼法，简直令人眼花缭乱。

西方人好运动，但一般并不重视早起锻炼，早上运动者可谓寥若晨星。公园里更看不到人，那里绝对看不到像中国这样庞大壮观的闻鸡起舞场景。怪不得来华的不少西方观光客，其日程一定要安排到公园看看中国人晨练。

曙光初露，万籁俱寂，按大自然规律，通常情况下，清晨空气最好，人们早起锻炼，舒展肢体，吐故纳新，无疑有益于健康。一日之计在于晨，闻鸡起舞的好处，不只是在生理健康上，它体现一种同天行健、与日俱升的欢快朝气，使人一天精神振作。闻鸡起舞之风是清新之风、勤奋之风、自强之风，它同懒惰、颓废、孱弱、纸醉金迷、无病呻吟之风不相容。这一点，祖逖、辛弃疾等古人，已为我们留下宝贵的经验。据一份材料介绍，近年来在英国、法国、印度、日本等国家，晨练的人越来越多。看来，用不多久，中国古人祖逖之徒将会遍及世界。

戚继光与戚家拳

戚继光是我国明朝后期的抗倭名将，他在东南沿海一带抗击倭寇的斗争中，身经百战，立下赫赫战功；同时，戚继光也是身体强健、武艺高强的太极宗师，对我国武术运动特别是太极拳的发展做出重要贡献。

戚继光从小爱好运动，他在七八岁时就和同伴一起玩军事游戏，他们拿泥土砌成墙，把瓦砾堆成营垒，削竹剪纸做成武器和旗帜，分成两队进行攻城战斗游戏。长大一点后，戚继光就经常骑马、射箭、舞枪弄棍。他在20多岁时写自己生活的一首诗中说："一年三百六十日，多是横戈马上行。"可见他练习骑射方面所花过多少时间。

戚继光出身将门世家，山东登州人。他的祖先参加元末大起义，为明王朝的建立立过军功，后来阵亡。戚继光17岁世袭此职（登州卫指挥佥事职务）。1548—1552年，就曾戍卫蓟门（北京市东北），1550年考中武举，后到北京会试，适逢蒙古骑兵南下围攻北京，戚继光担任了总旗牌官，督守京师九门，初步显示了他的军事才能。1553年晋升为"署部指挥金事。1555年，调到浙江沿海前线，任分守宁、绍、台等地方参事。1560年调任分守台、金、严地方参将。在数年的抗倭战争中，连战连捷，多次平定倭寇，建立了赫赫战功"。

在戚继光带兵经验中，经常督促士兵们进行体育锻炼是重要一项。1558年，戚继光组织一支精锐的抗倭部队，在浙江义乌招募了3000名壮丁，进行了严格训练。除了进行骑马射箭、舞刀使棍军事技术外，很大一部分时间用来进行跑、举担（石担）、打拳、摔跤体育锻炼。他教育士兵，身子骨柔软的人，武艺在他身上是贴不去的。他根本不配当一名士兵，勉强将他编入队伍，结果也会容易在战场送掉性命。所以必须要真刀真枪地练，要注重体格锻炼。为了锻炼士兵体格，他命令平时训练也要穿重甲，荷重物，并要进行挑沙袋扁担（挑沙袋扁担是中空灌铅的）和重武器演习以及进行腿绑沙袋的长跑。

戚继光在练兵时重视体格锻炼，因此，他带的戚家军身体健壮、武艺高强，成为当时抗倭战争中的一支最有力部队。

1568年，戚继光奉调北上，先任京师神机营副将，改任"总理苏州、昌平、辽东、保定四镇练兵事务"。就在这时，他主持加固、加高、加宽了山海关到居庸关长城。

1683年以后，朝廷听信流言蜚语对他的诬蔑，被南调广州，政治处境艰难，1585年辞职还乡，直到病逝。

戚继光有两部军事著作。一是《纪效新书》，另一是《练兵纪实》。这两部书，是他抗击倭寇的经验总结，又是他训练戚家军的教材。特别要提到的是《拳经》就收在他的《纪效新书》中。《拳经》是完善发展中的太极拳著作。

戚继光本身经常练习拳术，他练过好几种拳法，每种都力求练得很熟，并且善于吸收诸家拳术之长为我所用。戚继光在浙江对招募的浙勇进行严格训练时，就吸收了宋代张三丰和张松溪的内家拳的技艺为内容来训练士兵。

有一次，他为了学会一种当时已经不大流行的拳法，特地走了100多里路，到深山一座寺庙里去拜一个老和尚为师。后来他在研究了古今16家拳法基础上，编成了一套拳经32式图诀，传授给别人。在太极拳的源流中，戚继光是一位承前启后的重要人物。戚继光是位军事家和民族英雄，同时他也是我国知名的武术家。

精武英雄霍元甲

霍元甲的名字，在中国武术界是没有不知道的。关于他的故事，大人孩子也没有不愿听的。

霍元甲是我国近代武林中的一位著名武术家。

1857年，霍元甲出生在天津静海县小南村的一个武术世家。他父亲霍恩第身怀祖传绝技"迷宗拳"——这是一个集少林拳、太极拳、八卦拳、形意拳精华而演化成的柔刚相济、攻防兼备的拳术（又叫秘宗拳）。霍恩第走南闯北数十年，会过无数绿林豪杰、武林高手，在北方享有盛名。直到50来岁时，霍恩第才回家乡，每天带领子侄授拳练武。

霍元甲有10个兄弟，他排行第四。小的时候经常闹病，体质孱弱，10岁还受七八岁顽童的欺负，常被打得鼻青脸肿，哭着回家。父亲认定他不是一个可造之才，干脆不让学武，免得日后被他败坏霍家武艺的名声。因此，送他到乡间一家私塾馆读书，对他的学习却从不过问。谁知霍元甲是个非常有志气的孩子，父亲的另眼相待，更坚定了他自学成才的决心。他每天放学归来，总是装着漫不经心的样子，在一旁亲看父兄练武，而心中却在暗自揣摩、领会，然后独自躲进后宅的枣园里发奋苦练。他白天看了一个动作，夜间非得学会不可。一次，在练习中有个动作忘了，他怎么也想不起来，急得直哭。大哥还以为四弟又受别人欺负，叫他别哭，就打拳逗他。正好这个动作被霍元甲看清了，他就破涕为笑。就这样，从12岁到24岁，整整12年，他终于学会了武艺，而且还糅进气功吐纳，练就了一手高超的武技。触觉他"体软如绵"，重击则觉得他"骨硬似铁"。父兄们对霍元甲练武竟毫无所知。

有一天，有个武林高手慕名来访，他父亲热情接待来客，第二天还叫子侄操练几路拳术请他指教。不料，来人自恃武艺高强，竟出言不逊，说是霍家迷宗武艺不过如此，徒有虚名，这下激怒了霍家弟兄。霍元甲的六弟平日武功最好，应邀同来客较量，几个回合后，竟被来人伤了臂骨。霍恩第又气又急，正要亲自出场，这时候，霍元甲蓦地一个箭步上前，与来客交手。只见他出拳老辣，身手不凡，顷刻间，对方不仅失却还手之力，且无招架之功。霍元甲一个"毽子"，把他腾空踢出场外。父兄们不禁一愣：霍元甲何时练就这样出色的武艺又是谁尽心传授于他的？

青年时期，霍元甲向父亲要点资金，来到天津曲店街，在怀庆会馆租了房子经营药栈。霍恩第之子来津经商的消息不胫而走，当地有许多人想试试霍元甲的力气到底有多大，竟在一天半夜里，费了九牛二虎之力，把两个各重七八百斤的压路石碾堵住了店门口。第二天清早，伙计们开铺营业，见两个大石堵住了店门，不禁大吃一惊，连忙告诉霍元甲。可霍元甲毫不在意，面带笑容地走出店堂，拱手作礼请围观者让开，只见他走到石碾前，飞起右脚将左边的一个石碾踢出几丈开外，接着又抬起左脚，踢得另一只石碾沿街一路翻滚，惊得众人瞠目结舌，从此，霍元甲又在天津出了名。

元甲生活的时代，正是我国人民遭受帝国主义列强侵略，内忧外患十分严重的时代。反动的清朝政府，腐败无能，一味向帝国主义屈膝，人民饱受洋人和帝国主义分子的欺凌、侮辱。元甲对此，心情愤懑。他对洋人藐视我国人民的言行极为愤慨。当时，有个俄国艺人来天津卖艺，口出狂言，自称是天下无敌的"大力士"，能力举千斤，扭断铁链，并讥讽我国为"东亚病夫"。元甲闻此，怒火心中烧，拍案而起，愤然奔至演技场，与这位"大力士"一决雌雄。色厉内荏的俄国江湖骗子，本无什么本事，怎敢与元甲较量，第二天就收起招牌，夹起行李，灰溜溜地走了。国人得知此事，无不振奋异常。

1910年春，一个叫奥皮音的英国艺人，来到上海，在南京路张氏味莼园献艺。当时的上海，是帝国主义冒险家的乐园，外国人怎肯把中国人放在眼里，这位奥皮音同那位俄国小丑一样，大吹牛皮，扬言"要和中国人比一比武"。第二天，上海报纸刊登出来，引起了强烈反响，堂堂中华儿女，岂能容忍这种藐视和挑衅！为了回答奥皮音的挑战，人们便到北方聘请"大侠"霍元甲。元甲立即接受聘请，偕同弟子刘振声赶来上海应战。

一到上海，元甲就找奥皮音会面，约期比赛。奥皮音见元甲气宇轩昂，仪态非凡，知道不是寻常之人，在订立比赛规则时，竟荒谬地提出：不准用拳击，不准用肘撞，不准用指戳，不准用足踢等等。元甲听后，轻轻一笑，说：难道要我闭起眼睛请你来打吗？可见，奥皮音已未战自馁了。元甲遂设擂台一个月，要与"大力士"奥皮音比比高低，并登广告说："世讥我国为病大国，某即病大国中之一病夫也，愿世界健者来较，有以一拳一足加我身者，奉金表金牌各一面，以为胜者纪念。"然而，没等比赛，奥氏便溜之大吉，不知鼠窜何方了。

元甲从自己的亲身经历中，目睹了我国人民因体质孱弱而受到洋人轻视，痛切地感到只一个人强不行，要中华民族强健起来才行。从此，他立志倡导体育，在上海武术界朋友们的支持、挽留下，元甲同徒弟刘振声留在上海，并于是年夏，与当地友人创办了精武体操学校。元甲自任教师。他决心把世代家传的武术绝技，传给人们。后来成立"精武会"，蜚声全国。

正当元甲致力于武术教学的时候，不幸遭到了外人的暗算。事情是这样的：元甲因身患咳症，经人介绍，在一个名叫秋野的日本医生处就医。当时，在上海的日侨中，有几个以柔道为事之徒，在虹口设立了一个柔道会。秋野几次邀元甲去参观。强求之下，便让徒弟刘振声代替。双方找好了公证人，于是，比赛开始，谁知，当几名日本强手连连败于振声手下之后，这帮日本浪人竟恼羞成怒，一齐涌向元甲，撒野行凶。他们哪里是元甲的对手，不消几个回合，就被元甲打得纷纷倒地，骨折肤裂，不敢进前了。经公证人调停，平息了这场风波，但日本人却怀恨在心。

元甲回来后，仍与往常一样，由秋野继续治病。不料，服药后，病情突然恶化，四肢抽搐，以致无法挽救。一代英杰，就这样离开了人间，时年53岁。后经化验，证实元甲服了剧毒药。噩耗传开，国人无不悲痛惋惜。可恨那几个日本浪人，早已无影无踪了。元甲死后，由徒弟刘振声继任教师。在精武体操学校的基础上，继承精武体育会的事业。

燕赵大地的沧州武林

沧州的滨渤河，中贯运河，是京、津门户、水陆要冲，古往今来，这里习武成风，广为流传。翻开《水浒传》，林冲"误入白虎堂""刺配沧州道"的故事会勾起你的心弦。其中，"鲁智深大闹野猪林""林教头风雪山神庙""火烧草料厂"等回目更是脍炙人口，传为佳话。这一切都发生在沧州境内。

沧州武术，门派繁多，可以说南北合流，名家荟萃。其中少林、武当两脉，更是功底深厚、源远流长。其影响之大，不仅在神州大地，而且对世界中国武术的发展都产生深远影响。

沧州武林，历代有名师，仅仅从清朝以来，就有神拳李冠铭、双刀李凤岗、神枪李树文、单刀李存义、铁臂周长春、神力千斤王子平以及韩慕侠、丁发祥、霍殿阁等人。其人其事，只要略举凤毛麟角，就可窥见一斑了。

据史料记载：康熙十五年，即1676年，沧州大力士北游燕京，正碰上俄罗斯大力士2人，在燕京摆下擂台，以拳扑向海内索敌，俄国大力士虎背熊腰、人高马大，夸以武功，示以绝力，大有"脚踢京都，拳打朝野"之势。丁发祥闻讯义愤填膺，一气登台。面对气势汹汹的"北极熊"，丁发祥拳不虚下，腿飞脚起，施展武林绝技，犹如泰山压顶。几个回合下来，两个"北极熊"便喉急气喘，肉跳心惊，仅存招架之功并无还手之力。丁发祥一气登台，"北极熊"屡战屡败，皇帝龙颜大悦，亲自召见。许多王公大臣也以诗歌匾额相赠。而俄国大力士却无颜摆擂，收拾行囊，悄然而去。

曾经有一个镖客，自恃武艺高强，在押镖过沧州时，故意高喊镖号，以逞威风。沧州武林拳师李冠铭见他如此狂傲，便策马追赶，当两马相错时，恰恰劈面一座石坊，李冠铭飞身一纵，双手攀住坊梁，两腿同时把马夹起，那马高嘶狂鸣，却丝毫动弹不得。镖客抬头一看大惊，连忙下马拜伏。李冠铭呵呵大笑，飞驰而去。从此，凡镖客从沧州路过，都相互转告，不再喊镖号了。

说起近代武林骄子，沧州"神力千斤"王子平，更是声震中外，名闻遐迩。有一年在上海十里洋场摆开一个擂台，擂主便是显赫一时的康斯顿。王子平应上海武术界同仁邀请，前往打擂，乍到上海，有人见他身躯不壮，其貌不扬，暗暗为他担心。有人怕他气不盛，心不稳，要先露两手，以助声威。王子平淡然一笑，在孟渊旅馆楼栏上先来个倒立铁塔，然后又顺手把一拉力器扯断，观众莫不瞠目。消息传开，康斯顿闻风丧胆，他也是"君子能伸能屈"，干脆来个三十六计走为上，溜之大吉。

1921年，王子平又在"万国竞武场"擂台上，战胜美国沙文利，击败英国的乔治（体重295磅），降服了法国的彼得（体重305磅），大长了中华民族志气。为此，中国著名国画家齐白石曾亲笔书赠了"南山搏猛虎、深潭驱长蛟"的楹联，称赞他那炉火纯青的技艺和深厚的功底。

双刀李凤岗，他以武会友，真诚待人等武德故事至今在沧州、河南、山东、济南一带颇为流传。

李凤岗14岁那年受人之托，在天津一家镖局代其职，镖局十几位镖师见他一派嫩态稚气，一待三年，从未护镖出走。有一天，从关外来了一个和尚，在镖局门口设场卖艺，说是看看这镖局有无能人。这个和尚武功全面，十八般兵器带全，逐个操练，高超武功，赢得观众阵阵掌声。镖师们出来一看，个个面有难色，这和尚武功确实高超，既然来到大门口叫阵，不进场便给镖局丢脸。以后谁也不敢保镖了。可是谁出场呢？大家面面相觑。后来有个镖师说："先让李凤岗上，试试身手，看看门道。"

李凤岗毫不怯懦，今天让他先上场，他心中明白用意，于是他疾步一蹿，喊声得罪了，一个侧空翻，"嗖"地进场。和尚一看这"大抛桃"的功夫，不禁一怔。可仔细一瞧，只见是十几岁黄毛少男。和尚冷笑一声："这儿十八般兵器任你挑，我让你年少。"李凤岗随手抄起一根一丈三尺长大杆。那和尚取了一把钢刀。李凤岗说了声不客气，舞起大杆，劈、戴、点、抽、扫嗡嗡作响，和尚个大力猛，劈、砍、撩、拦、刀法娴熟，二人战在一起，越打越激烈，一百回合后李凤岗的大杆被削成了齐眉棍。李凤岗乘势将杆插入和尚裆下，猛用力一提将和尚重重摔在场边。过了一会和尚起来，深愧自己功夫不到家，随手把那十八般武艺兵器砸了，向李凤岗施礼："小师傅好功夫。佩服，佩服！三年后还在这地方相会。"自此，镖局知道李凤岗是深藏不露的顶尖高手。镖师们还发现，李凤岗最好的功夫是双刀，他的双刀出神入化，美名响彻大江南北。

沧州武林技艺，历来受赞誉。八级拳师霍殿阁曾经出任宣统皇帝的武术教官。爱国将领张学良曾专程前往，邀请燕青门拳师李雨三出任武术教练。劈挂拳师佐清甲曾从事共产党地下工作被捕，他扭折牢门，挣断捆满一身的铁丝，飞越牢门，越狱成功，被敌人称为"飞贼"。解放前，南京国术馆教练中，出自沧州的拳师就有30多人，可见沧州武术叶茂根深，绿荫成阵。

打擂比武逞英豪

俄国著名大力士竞生斯可夫来到上海，在法租界万国竞武场摆下擂台，广登海报，自我吹嘘力大无比，世界无敌，藐视我中华民族。当时，气坏了许许多多有民族自尊心的中国人，也气坏了血气方刚的三林学堂体操老师包胜才。

包胜才（又名包刚），1904年生，上海市川沙县王港乡新虹大队人。20年代初毕业于上海东亚体育专门学校及西门体育场技击部。经少林派名师刘德生悉心传授，武艺高强，能够手劈青砖，掌碎核桃，纵跳筋斗身轻如燕。

有此等十八般武艺的包胜才，岂能容忍外国人在中国土地上耀武扬威，笑我中华无人！在师生们的鼓励怂恿下，包胜才毅然前往打擂应战。竞武场主见包胜才身材清瘦，体重只有168磅，而竞生斯可夫身材体大，重204磅，于是嗤笑地说："侏儒小人，年纪轻轻不要送死！"包胜才感到莫大侮辱，顿时火冒三丈，但也极力控制住自己的感情，冷笑地说："别高兴得太早了，我就喜欢碰大家伙！"竞武场主没想到眼前的这位其貌不扬的年轻人竟有此等铮铮铁骨，就立即让包胜才签字画押，当场立下生死文书，择日比武。

比武那天，人山人海。按照竞生斯可夫的要求，比赛采用外国拳击比赛的规则，这样，包胜才就不能使用他所擅长的脚腿踢蹬及指掌功夫对付敌手，这对包胜才来说是十分不利的，但他毫不气馁。在头一二回合中，包胜才虽较多地处于被动地位，但他手快脚稳，纵跳自若，对竞生斯可夫雨点般击来的拳头，面不改色，沉着应敌。竞生斯可夫不仅一点便宜没捞着，反而累得气喘吁吁。包胜才却越打路数越熟，信心越足，只可惜比武时间已到，胜负未分。

两个星期后，按文书约定，在原地进行第二场比赛。看台上早已坐满了观众。有了上一次的比赛经验，包胜才信心十足，精神抖擞，决定以自己身材矮小、轻捷矫健之长击对方力大笨拙之短。果然，刚一上场，竞生斯可夫就像恶虎一样向包胜才扑来，瞪着一双血红的眼睛，凭着自己力大拳凶，密拳连击，妄图将包胜才置于死地。但包胜才以轻巧灵活的步伐和迅速灵巧的动作，巧妙的躲闪避开了对手暴风似的出拳攻击。竞生斯可夫屡屡进攻，重拳旁落，都没有击中对手要害部位。他心头激起怒火愈发急躁。包胜才看准了他求胜心切的心理，利用灵巧躲闪优势避其锋芒。比赛不到三个回合，竞生斯可夫就累得气喘吁吁，汗流浃背。这时包胜才看到进攻机会已到，等待对手露出破绽。正在这时，竞生斯可夫耐不住持久的消耗，企图想几记重拳结束，包胜才看准一记重拳击空，身体重心失衡，顺势给了他一个"回马枪"。这个庞然大物躲闪不及，扑哧一声，跪倒在地，接着一连串勾拳打得他举手投降。

1943年隆冬，也是在上海举行了一次轰动全国的擂台比武。同白俄罗斯拳击家打擂的是中国14岁小将蔡云龙。比武场设在田力球场。11月13日这天，场内座无虚席。场外人头攒动，有的是买不到票的，有的是没钱买票的。大门口停着三辆救护车，更为比赛增添了紧张的气氛。警察局的巡捕除了值班的以外，其他人也都来了。

抽签时，西洋拳师发现蔡云龙还是个孩子，便提出："小孩不能打。"蔡云龙郑重地回答："中国武术不讲年龄和体重。"西洋拳师说："打死勿论。"蔡云龙回答道："你们可能没有这么大本事。"

经过抽签，蔡云龙第二个上场，他的对手是白俄拳击家马索洛夫。马索洛夫年约30岁，身体高大魁梧，技术全面。当他步入赛台，看着眼前这位比他瘦小得多的对手，自然又增添了几分傲慢的神情。台下的观众也都在为蔡云龙捏着一把汗，这么小的孩子能对付得了这么个大个子吗？而蔡云龙却沉着冷静，牢牢地记着父亲的教诲。

比赛基本上是按西洋拳击的打法，击打的部位是腰部以上，不能打后脑，不同的是中国人可以用腿，腰部以上可以踢，腰部以下不能踢，只能勾挂。打中一拳或踢中一脚得一分打倒在地得3分，两分钟一个回合，打3个回合，每个回合中间休息一分钟，打在地10秒起不来算失败。

蔡云龙光着膀子，下身着一条灰色短裤，脚穿高帮球鞋，瘦小的上身也和西洋拳击家一样披一条大毛巾。他在等待着上场，忽然传来一阵热烈地喝彩声，蔡云龙正要挤到门缝看看，这时只见张大哥摇摇晃晃地回到了休息室，他赶忙跑上前去问道："张大哥，打赢了？"

"嗯，赢了"，他捂着嘴巴回答道，"打得我嘴巴好疼啊！龙弟，大胆地打，洋人没什么了不起。"

锣声响了，"第二号，蔡云龙上场"。裁判一面喊着，一面向双方招手。蔡云龙和马索洛夫同时向拳台中央走去。还没等站稳，蔡云龙出其不意地用"单风灌耳"朝马索洛夫的左耳打去。这扎扎实实地一拳打得马索洛大晃了几下身子才站稳。此时台下哄堂大笑起来，笑得蔡云龙也愣了神。原来比赛还没开始，刚才是裁判让他们俩走过来向观众做介绍。

锣声再次响起，比赛正式开始，因为蔡云龙听不懂洋裁判的话，再加上刚才来了那么一下子，现在他不知道能打不能打。正在这时，马索洛夫的拳头告诉了他，比赛已经开始了。马索洛夫偷袭成功，接着又一个前冲直拳朝蔡云龙打来，蔡云龙采用"着肉分枪"的战术，极力躲闪，使其拳头落空，然后瞄准对手的脸部和胸腹就是一个"迎面三腿"，"砰、砰、砰"声音清脆，腿腿击中。紧跟着又是一个"闪电连环"，马索洛夫高大的身躯在全场的喝彩声中倒了下去。裁判刚刚数到3，马索洛夫忽地一跃而起，拳如雨点，又密又沉地向蔡云龙打来。蔡云龙沉着应战，不时变换方向，引其拳落空。待马索洛夫的拳头一落空，他便飞腿，不一会就将马索洛夫打倒了好几个跟头，胜了第一回合。

第二回合，马索洛夫全力反扑，企图扳回败局，他把蔡云龙逼到一死角里。只见蔡云龙身子向右一晃，把对方的拳头引向一边，然后猛一俯身，来了个"燕子穿林"，从其臂下窜到了对方的身后，离开了死角。马索洛夫立即转身摆拳横击，蔡云龙又朝对方的耳部踢去。但是，这一次马索洛夫有了准备，一伸手便将蔡云龙的腿抄住了，顺手一撩，使蔡云龙摔了出去。这时，全场观众都在为蔡云龙捏着一把汗，这一落地就要失去3分啊！说时迟，那时快，蔡云龙在被抛起的一瞬间，顺势拧腰来了个"鹞子翻身"，从空中稳稳当当地落了地。顿时全场爆发出一阵喝彩声，马索洛夫也不由得一愣，这时方知中国武术的厉害，连这么个孩子也难对付。蔡云龙越战越勇，马索洛夫连连倒地，蔡云龙又胜了第二个回合。

马索洛夫的脑子里飞快地闪过一个念头："输了，输给了一个中国孩子。"这是何等屈辱啊！十多年的拳坛生涯难道就这样结束了，而且结束在一位中国孩子的手里？不！不！他心里不断地祈祷着："上帝呀，赐给我智慧和力量吧！"

当马索洛夫回到场地中央时，他下狠心了。他要狠狠地给蔡云龙一拳，这一拳要让他爬不起来。可是当他朝蔡云龙打来这一拳时，蔡云龙猛一下蹲，使马索洛夫的身子失去了平衡。趁此机会，他又使出了个"八步连环"的绝招，拳如闪电般地向马索洛夫打去。接着，又飞起一腿，正中对手下巴，顺势又来了一个"黑虎掏心"击中对方腹部。这时，马索洛夫高大的身躯，晃了几晃，缓缓地、重重地倒了下去。洋裁判冲着倒在地上的马索洛夫喊道："1、2、3、4……10。"裁判不情愿地举起了蔡云龙的右手，宣布蔡云龙获胜。

蔡云龙和马索洛夫的比赛，共用了5分钟，打了两个半回合，把马索洛夫摔了13个跟头。

这场比赛之后，武林中人出于对蔡云龙的厚爱，把他唤作"神拳大龙"。三年之后，蔡云龙又采用西洋拳的打法，智取了美国"黑狮"鲁塞尔，更成为上海人的佳话，"神拳大龙"的美名也不胫而走。著名书法家沈尹默在送给他的条幅中这样写道：

少林拳击世莫当，

动迅静定力蕴藏，

蔡君得之制强梁，

柔非终柔刚非刚，

刚者先折柔转强，

妙门洞辟惟东方，

技与道合乃有此，

一洗东亚病夫耻。

太极宗师

在上海有一条鲜为人知的鲁关路，它又短又窄，但它的一条老式胡同住着一位"太极宗师"。每天晚上，你都会看到舒身展臂的太极拳爱好者挤满弄堂。这一盛况已持续数十年。一位体格健壮、满面红光的老翁不时向练拳者指点着，一遍又一遍示范着，他就是杨式太极拳传人、武术名家傅钟文。

傅钟文，号小诗。1907年1月7日出生于河北永年县。他的家乡是太极拳发源地，杨氏一门，代代相传，名手辈出，誉满海内外。

杨澄甫是杨绿禅之孙（人称杨无敌），堪称杨氏太极拳之泰斗，自9岁起，傅钟文便专从前辈亲戚杨澄甫习拳，颇得器重。1921年，14岁傅钟文告别家乡定居上海，只身在上海江西路"盛和花号"当学徒。1927年杨澄甫由北京南下到上海教拳，傅钟文继续随杨学拳，完整地掌握了杨氏太极拳定型架式。1929年，杨澄甫受聘任杭州国术馆教务长并传授太极拳，傅仍不时由上海去杭州任助教，这一年，傅钟文和杨澄甫交往密切，朝夕相伴，亲聆教诲，终年苦练，使得傅钟文拳艺达到炉火纯青的程度。特别是傅钟文擅长推手，推手时，轻者如鸿毛，重者如泰山，善化善发，变化无穷，成为杨氏太极拳一绝。1932年，杨澄甫应邀赴广州，让傅钟文陪同并教拳，当时广东省公安局长和李宗仁、白崇禧、驻粤办事处等要人学拳，都一一由傅钟文指导。遇有好推手者亦让傅出马，当时他25岁，年少气盛，毫不示弱。

杨澄甫因肝病逝世后，傅钟文成了国内杨式太极拳传人。工作之余，他教拳于上海大新公司、永安公司、中国国货公司、申报馆、冠生园、阜丰面粉厂、精武体育会、第一女中、中国银行等单位。从师于他学拳之人都称道：这是正宗杨氏太极拳，动作要求同拳经要求相符，架势圆润标准。

傅钟文年轻时就抱定发扬光大太极拳，振奋民心，强身救国的宗旨。1944年，傅钟文在上海创建了永年太极拳社，任社长，公开招收学员。当时社会名流沈尹默、马公愚、丰子恺等都随其练拳。著名书法家沈尹默还特地为永年太极拳社题词："经常认真练习太极拳，是增进智力和体力的好方法。"凡向他学拳者，无论男女老幼，他都耐心细致地教授指点，唯恐学者领悟不透。傅钟文不以赚钱盈利为目的，本着为社会、为大众服务的精神，无偿地教授一期又一期学员。在极端艰苦的条件下，培养了数以千计的武术人才，受到各界爱国人士的一致好评。中华人民共和国成立后，永年太极拳社社员积极参加迎接解放军表演，以及捐献抗美援朝飞机大炮义演。1952—1953年，他组织太极拳表演多次，受到陈毅市长赞扬。

1958年，上海武术队成立，傅钟文受聘任武术教练。在这期间他呕心沥血，不辞辛劳，先后培养出一大批优秀选手和太极拳教练。如濮冰如获1979年全国武术观摩大会一等奖；1959年、1960年、1963年期间多次获全国太极拳冠军的杨炳城、李福妹；1984年获国际武术邀请赛杨式太极拳冠军的苏黎献等等都是傅钟文教练的门徒。

傅先生曾任上海武术协会副主席，上海市体育宫太极拳顾问。另外还是同济大学、上海化工学院、上海师大的太极拳指导教师。数十年来，他每天清晨坚持在虹口体育场、同济大学、闸北公园、精武体育会、人民广场、上海市政协等地辅导群众练习太极拳。傅钟文教拳六十余载，得到面授学员累计多达数十万。数以万计的人，通过打太极拳，治好了久医不愈的疾病，增强了体质。上海同济大学20年来从年逾花甲的老教授到二十多岁的青年学生，一批批师生员工都跟着傅钟文打太极拳，连同在同济大学工作的许多外国专家、教授也纷纷加入练太极拳行列。傅先生还不辞劳苦地应邀去徐州、杭州、宁波、无锡、常州、开封、郑州、西安、大连、泉州等地讲学。1986年7月，傅先生应香港双鱼太极拳社邀请赴香港访问授业传拳，受到热烈欢迎。1988年4月傅钟文又应日本太极拳组织邀请赴日本表演讲学，所到之处，掀起一股"太极拳热"。日本新闻媒介做了大量新闻报道。三年前，他的儿子傅声远应邀赴澳大利亚授拳，杨式太极拳扬威澳大利亚，国家总理霍克还接见了他，并合影留念，以示对杨式太极拳的热心推动。傅钟文高兴地说："中华武术能走出国门，扩大影响，这是炎黄子孙的光彩，也是我终生的愿望和最大快乐。"

傅钟文一生致力于太极拳研究，为太极拳的发展做出了贡献。他对太极拳练法和教法有丰富经验，并对其有精辟的学术见解。他曾编过一个口诀："轻松活泼虚实走，如圆似方意绵绵，上下相随腰为主，处处圆满任自然。"这四句话广为流传，它道出了他练拳七十余年的真谛。

他所著《太极刀》和《杨式太极拳》两本书，已被译成英、法、日等国文字，在国外一版再版。他所著《杨式太极拳教法练法》已于1991年由同济大学出版社出版。《太极剑》不久将问世。

　　杨式太极拳经傅钟文半个世纪的努力，遍及了大江南北，走向世界。在傅钟文倡导下，国内宁波、闵行、嘉定、徐州、杭州、大连、泉州、淮南以及澳大利亚、日本、新加坡、马来西亚、泰国等地都成立了以永年为名的太极拳社。为表彰他在太极拳方面的卓越成就，国家体委授予他"体育运动开拓奖"，1988年授予他"武术贡献奖"，1991年1月上海市体委授予他"上海市武术教练员荣誉奖"。

　　鹤发红颜、耳聪目明、精力充沛。傅老引以自豪的是他练武至今，没有患过疾病，没住过医院，打针吃药几乎与他绝缘。他有如此健壮身体，自然要首推他数十年习练太极拳神功，但也同他有一套健身养生之道有关系。

　　傅老居室墙壁上挂有"静、动、健、乐、寿"五个大字，这就是他健身秘诀。他说：太极拳虽动犹静，故经常习练太极拳可防病治病。古人曰：静以养身。一个人如果逐名追利，杂念太多，遇事烦躁不安，就会影响健康。傅老身体力行，数十年练拳不辍，寒暑不易。他又是个惯于澹泊宁静的老人，傅钟文在家里喜欢静坐静躺，近几年夏天，上海奇热，他自有消暑办法。每日傍晚，他去浴室洗个热水澡，吃过晚饭后便躺在藤椅上，一壶茶一把扇，或闭目养神，或读书看报，或与人聊天，直到子夜后方进卧室入睡。他还经常说，天虽热，心却要静，"心静自然凉"。他信奉"知足者常乐"这句格言。在生活中始终心情愉快，从不计较名利得失。即使遇到不顺心的事，也不生气。"文革"中傅老被隔离审查、挨批，他也处之泰然，豁达开朗，每日练拳解闷。傅老的老伴在澳洲。儿子、儿媳、孙子、孙女都迁居澳洲。家里一人独居，日常家务事尽可能自理。儿子、儿媳担心他只身在上海孤独，一再恳请他去那里去团聚享享天伦之乐。但傅老说："要我去几个月可以，但是不能长住，因为在国内还有许多学生等我教拳，我的拳术取之于祖国，还之于中华。"的确，傅老周围有许多挚友，和他们切磋拳艺、论古道今，生活十分充实，毫无孤独寂寞之感。

在饮食方面，他认为饮食不在于山珍海味，主要是讲究卫生，合胃口。傅老年轻时嗜好烟酒，而且酒量很大。1976年1月8日清晨，他从广播中获悉敬爱的周恩来总理病逝，悲痛不已，当即决定三年禁酒以志悼念。果然，他三年内滴酒不沾。从那以后，不再喝酒。十年前他又戒了烟。

日常生活中傅老有"三爱"：一爱喝茶，特别是爱饮热绿茶；二爱喝盐水，每日清晨喝一杯淡盐水；三爱吃大蒜，一年四季服用不断，每次出门远行，也总忘不了备些大蒜。

傅钟文就是这样一位对我国体育事业发展颇有贡献的武术家，又是一位养生家。

东方武星李小龙

在美国西雅图一条繁华的大街上，行驶着的车辆突然被堵成长龙，熙熙攘攘的人群围成个很大的圆圈，人们不知这里发生了什么事情，接踵而来，里三层外三层地围成了人墙。

什么事？原来在圆圈中心，四个歪戴"嬉皮士"帽，斜叼烟卷，穿得五颜六色的流氓，正在围着一个面貌清秀的中国姑娘。四个流氓高大、凶悍。这时有位叫李小龙的中国青年正好从这里走过，看得十分气愤，便上前劝阻。李小龙的劝阻，这四个流氓不但不听，还更加放肆地调戏那位姑娘，有个流氓还要动手打人。李小龙忍无可忍，实行还击。这四个流氓手持匕首面目狰狞，紧紧围住李小龙。嗖，一把匕首放出寒光，直刺小龙胸膛，但见他一抬臂，匕首不翼而飞，一举腿，流氓脑勺着地，满地乱滚。另外三个流氓见同伴被踢倒，便一齐拥上前去，三把明晃晃的匕首直逼小龙胸膛。在围观者惊呼声中，只听着"噜""啪啪""噗"几响，三把匕首当当落地，三名歹徒前扑后跌，一个个鼻青脸肿，口吐血沫。原来李小龙趁三个亡命徒扑近机会，腾空而起，一个"凌空飞脚"，正中左右两歹徒下腭，尔后，在脚刚落地之时，就势下蹲，紧接着一个后扫，身后家伙应声而倒。路人见这罕见的腿功，无不叹服，齐声喝彩。然而，这四个流氓并不死心，又手持匕首狂怒地扑来，只见小龙左一个"直捣黄龙"掏心拳，右一个凌空而下斜劈掌，左右用拳，运腿如飞，空手夺刀，只两三回合，四个流氓又被打得瘫倒在地，呻吟不已，只好求饶了。

这事发生在1958年某一天。事后，美国的报纸纷纷用大字标题报道了这位见义勇为的"新闻人物"，李小龙的名字传开了，中国功夫引起了人们注意。

俗话说"树大招风"，李小龙崭露头角后，有人钦佩，有人妒嫉，又有人想把他打败以抬高身价，因而有些好勇斗狠的人就接二连三地登门挑战。此时，李小龙也想考验自己的功夫，于是来者不拒，接着好几个国家的拳师们，如日本空手道、韩国跆拳道、美国拳击家都纷纷向他挑战，都成了手下败将。有一次他受到10个空手道高手突然袭击，他在重重混战中使尽浑身解数，结果将他们一一打败。他不畏名声敢于同泰国拳王察而猜公开比武，同世界空手道冠军罗礼士·罗伯华对垒。据统计，他与各国高手实战搏击有300场，并保持不败纪录。1964年，李小龙参加全美空手道比赛获冠军。他为什么能有如此精深高超的功夫？这还要从李小龙好学苦练和具有创新精神谈起。

李出生于1942年11月，属龙，故叫"李小龙"。他的父亲李海泉，广东南海县人，是粤剧名演员之一，擅长武打，小龙从小在香港读书，耳濡目染，爱上武术，也跟名师学过咏春拳。因生性活泼好动，东撩西逗，闲不住手脚，有"调皮仔"之称。初中时常常留级，可到了高中学业就赶上了。18岁那年他考入华盛顿大学哲学系。他是用半工半读方式来维持学业的。他干过街头擦皮鞋、饭厅里洗碗、报馆的杂工等行当。由于生活磨练，使他发奋学习，力求上进。他一面学习一面练武，在学习和练功中精益求精，富于探索精神，使自己练就一身有独到之处的真功夫。他的腿功突出，被称为"李三脚"。当对手正面来攻时，竖起一脚向前横打；若被闪过，脚即向他侧踹；若仍有漏着，则这脚着地后立即转身以另一腿向对方踹去。经过三腿连击，加上手脚配合运用，有如七腿八臂，使对方应接不暇，甚至少数应声倒地，屡见奇效。有一次，美国纽约拳击协会请他表演脚法，他瞥见大厅上悬挂着一盏离地约八尺多高的吊灯，便笑笑说："好，我来表演，请各位先生墙边靠靠。"只见他一跃而起，用脚往上一踢，那吊灯"砰"地破碎了。当他着地时又跳出数丈以外，破片纷飞，可碰不到他身上。这不仅反映出他跳得高，踢得准，而且表现出他身体敏捷轻盈。另一次有个武打名星也请他表演腿法，他递给那人一把三节棍，并嘱双手握棍着实地在胸前举起，他突起一记飞脚，把那三节棍"啪"的一声分成两半，使那名星大吃一惊。

"勾漏手"又是李小龙独创绝活。所谓勾漏手，就是即封即打，即打即封，连消带找之意。李小龙到香港后，有七八个教头要和他"交手"。他当然晓得这是变相挑战。他说，好吧，但有两个条件：一是体力有限，不能逐个交手，请派出一名代表；二是有人说我视脚法为传家宝，这回只用两手过招。于是他们之中选出一位大家都认为"睇头"的师傅同他对阵。李小龙扎稳马步，有意让对方先动手。当对方一出手，李小龙立即将对方双手封住，对方多次企图摆脱，想向内、向外或低或高破中门，但都被他双手如磁似的严密封闭住，无法得逞。那教头正感到为难之时，则觉得自己脸上突然响起几个巴掌，引起旁观者一阵讪笑。那教头老羞成怒，立即朝小龙腾起脚，但小龙用手一撩，"嘭"的一声，教头马失前蹄，四脚朝天了。这伙教头从此知道李小龙"勾漏手"的厉害。

李小龙在继承中国传统武术基础上，吸取国外拳击技术特长，弃其糟粕，加上他自己专业的创造，推陈出新，创造出"截拳道"。它和世界上流传的空手道、柔道和跆拳道不同。空手道在比赛时，一遇贴身就要分开，拳头过重又要扣分。截拳道不然，正是从贴身才开始比赛。柔道不准使用脚击，截拳道则可以手脚兼用。在使用腿法时，空手道和跆拳道要求击向腹部以上部位，截拳道要求向腹部以下部位进击，因为这样快速有力，减少对方可乘之机。他认为国术和空手道"僵化""刻板"，他主张把哲学思想融入国术里。

《截拳道》一书脱稿后，翻译成几个国家文字问世，风行全世界，成为当时世界上销量最大的武术书籍之一。

"武人不文，文人不武"，文武分家，古往今来，大凡如此。可李小龙却不同，他亦文亦武，每于练功之余，潜心理论研究。他写下了七大本武学笔记和四本著作。四本著作是《截拳道》《功夫记录》《二节棍法》和《截拳道的研究》。

美国一些电影，往往把华人写成怯弱之人，李小龙看后十分气愤。他说："美国导演总要自己扮演华人歹徒，总给扮演西洋拳的男主角所打败，我觉得十分晦气难堪。"他还认为近年来香港、台湾拍摄的武侠片，渗透了许多神化色彩和西洋气味，根本失去了中国传统武术的风格和真实性。如用"吊威也"（钢线）牵动人表现飞行"轻功"，用"爆石山"表现"掌风"等等，让人啼笑皆非。1971年，李小龙欣然接受香港电影公司聘请，拍《唐山大兄》，他说："我就是要为中国出口气，为中国武术争荣光。"

《唐山大兄》在世界各地公演后，初露锋芒，惊倒四座，使世界人士对中国武术刮目相看。他继而又参加了《精武门》的拍摄，亲自饰扮影片中霍元甲这个角色，借以表现中华民族的精神气魄。影片映出后，又引起世界人士的重视，票房卖座突破400万张纪录。后来再拍《猛龙过江》则突破500万张纪录。一浪高过一浪，震动了世界武坛，也震动了世界影坛。世界拳王阿里还专程登门拜访他，极为赞誉中国武功。

《死亡游戏》岂非先兆？李小龙拍完这出戏后突然在香港死亡。时年

33岁，死后遗下妻子莲达及一个9岁男孩和一个3岁女孩。

李小龙平素龙精虎猛，精神旺盛，为何猝然死去呢？死因众说纷纭，莫衷一是。有的说电影合约发生纠纷，有的说声名过盛招人怨恨，有的说滥迷女色戕害身体……后来，经香港政府验尸结果："由于他对阿斯匹林或Kquasesic所引起敏感作用所致，这种情况死亡是稀有的。"他的死，确实是个谜。

李小龙死后，香港电影界和武术界为他举办了盛大的追悼会，全港武术界穿着武术服装，腰束素带参加丧礼，参加送殡人达数万人。

李小龙逝世不久，美国洛杉矶开设了"李小龙博物馆""李小龙俱乐部"等组织。在美国、英国、日本等国同时出版了纪念李小龙多种多样的杂志和特刊，还在1992年拍出影片《李小龙传》《李小龙生平》，都称他为"发扬中国功夫最成功的人"。

东瀛柔术与剑道

在日本有一项比较古老的摔跤运动，最初叫作柔术，是日本武士道七艺中的内容之一。后来就称作"柔道"。公元1500年前后日本就有了柔术，在发展过程中，曾受到中国拳术的影响。1638年，中国明代之末，满清军队雄踞东北，虎视关内，明朝大臣朱舜水及其随从陈元赟，东渡日本求援未遂，便寓居江户，陈元赟通诗文，善拳术，是个文武全才，他曾在少林寺学过武艺，武功相当精深。当时江户日本人拜陈元赟为师，向他学习中国拳术。他们经过共同努力，将中国拳术和日本柔术配合起来，形成了一种独具特色的功夫，当时传播四方，著称一时。

但是在辗转相传过程中，受到各种条件的局限，柔道不断变异。流派也越来越多。日本明治维新后，封建制度瓦解，武士佩刀被禁止，柔术也被视为封建之物遭取缔，柔术家因之消沉、隐居或充任贵族卫士，柔术日渐衰败。就在这种形势下，日本东京帝国大学学生嘉纳治五郎为了挽救柔术，对各种流派进行了深入细致的研究，博采众家之长，去粗取精，创立了以投技、团技、当身技为主的现代柔道运动，并于1882年在东京永昌寺内创建了讲道馆柔道，从而使柔道以全新的形式和令人信服的力量为世人所接受，并向全世界推广开来。嘉纳治五郎，由于他对日本体育发展的杰出贡献，被日本人推崇为"日本体育之父"。毛泽东所著《体育之研究》一文中也高度赞扬了这位日本著名体育家。

柔道，由投技、团技和当身技三大部分组成。投技——由站立摔和主动倒地摔的技术。团技——在垫上固定对方的专门技术（由压技、勒颈技、反关节擒拿技组成）。当身技，即拳打脚踢技术，国际比赛已禁止使用。

正式比赛时，运动员穿特制的柔道服系腰带（腰带颜色根据运动员技术水平而定），赤脚，在垫上较量，每场比赛不超过20分钟。双方运动员均为站立姿势时，甲用一个完整技术动作将乙摔倒，使乙肩背大部分着地，判甲获胜。若甲将仰卧在垫上乙抱起整个身体，超过自己肩部高度或在垫上使用抑压技术，而乙在30秒钟时间内无法解脱，判甲获胜。

柔道是一项身体直接接触的竞赛项目，对抗性强，因此规则规定：勒技只限于颈部使用；反关节技术只限于在肘关节部位使用，否则判为犯规。

近年来，日本柔道空前发展，日本每年举行各种柔道比赛，大中学校柔道列为体育选修课程。日本女子也参加柔道运动，1978年举办了首届全国女子柔道锦标赛。

日本还积极向世界推广柔道运动。第二次世界大战后日本派出了许多教练员到一些国家去传授柔道，并在讲道馆广招外国学员。现在柔道盛行世界。1951年成立了国际柔道联合会，现有116个会员国。日本队连续获得第18届、20届、21届奥运会柔道比赛的团体总分第一名。

与柔道、相扑一起称为日本国粹的还有剑道。剑道在日本皇族的大力提倡下，渐渐深入民间，是中小学生必修科目。

剑道是一种全身运动，讲求心气合一，修心养性，并十分注重传统礼仪和规则。

剑术本源于中国，早在周秦时代已广为民间研习，流派很多，及至隋唐时期发展更盛，其后传到日本，剑身变弯，由原来两侧都是利刃改为一边是利刃，剑身也加阔。当时日本武术就是用剑作武器，后来枪炮问世了，剑的作用相应失色。但日本人认为习剑者的精神值得学习，因而把剑保留下来，并演变成剑道——以磨炼个人高超品格为目标的一种体育运动。在日本人看来，这项运动在磨炼个人品格和意志方面的意义和作用，胜于锻炼身体，增强体质的功能。

剑道的用剑分木剑和竹剑两种。木剑用于练习基本动作，多用橙木、枇杷木制造。竹剑用于对打比赛。

剑道选手需要穿规定服装，上衣以易吸汗水的棉织品为佳。袖长以盖到肘部为宜。胸前附有绳索的穿妥，裙裤也是以棉织品为佳，长度须盖到足踝，但不可及地，以免踏上绊倒。为防止对手击打，剑道选手需佩带腰垂、护胸头盔和手套等护具，腰垂是三块皮制条状物，缠于腰部、髋部及腹股沟。护胸呈半圆状，用皮革把竹片连制而成，保护胸部。头盔主要保护头部，重约6磅，主要部分为钢条面罩，两旁和中央有皮制下摆，保护喉部。手套也是皮革制成，以减轻对方击中时疼痛。

剑道最重礼仪，就连穿戴护具也要遵循一定程序，每一部分的穿戴也有规定，不可混淆。

初学者可先学剑道基本动作。可分为礼仪：分立礼、正坐、坐礼；步法：分别足法、继足法、开足法；姿势：自然站立、目视，基本姿势，以求攻守一致。

剑道比赛是在9—11米见方的场地上进行。三名裁判员在场内执法，一位主裁判在场外执法，比赛方式为限时制。通常3分钟，先得两分者为胜。

风风雨雨吹铸柔道冠军

被称为世界柔道旗手的英格丽德是一位世界最出色的女运动员，她是一位无所畏惧的奇女，她三次蝉联世界女子柔道冠军。

如果有人认为妇女不具备男子坚实的肌体，无权参加诸如角力、柔道之类的激烈运动，她本身就是一个最有力的反证。这个比利时的姑娘，可以扛起沉重的箱子走很远的路。她既是现代运动员，又是位时髦的女性。她身体高大皮肤白皙，容貌俊美，性情无畏，她能够只身对付一屋子性情狂暴，身上青筋暴露的职业拳击家。

有一次四个有名气的拳击家，对这位姣女的功夫有所怀疑，就肆意向她挑战，故意贬斥她徒有虚名，说她是只会狂吠的母狗，这一下惹翻了她，她以一对四较量起来，结果没有10分钟，将这四个壮汉，逐个从自己肩上抛出去，任他们倒在地上哭爹喊娘，连连告败。从此，他们五人成了好朋友，正可谓"不打不成交"。后来他们还特意照一张照片留念。

她是比利时国王博杜安的好朋友，国王像对待优秀臣民一样对待她，将她视为比利时王国之瑰宝。无论在广告电视还是杂志上，她的照片比比皆是。比利时全国女子运动会，竟有4次以她的名字命名。无论何时何地，只要她在公共场合一露面，鲜花和欢呼声便会随之而来……

在日本，柔道运动很受欢迎，英格丽德在日本受到厚遇远远超过日本柔道明星，这一点，连日本人自己都十分惊奇不解。

柔道运动一半取决性格——坚忍，能高声喊叫而不出垫子，经受起痛苦的折磨，还有20％的天才，30％的训练，这一点能做到了200％，她一定能够成功。

英格丽德生气勃勃，强健有力而灵活机敏，有一股无所畏惧的气概，每做一件事都力求成功。她17岁那年，母亲劝她变更一下走路的姿势，她的步伐太运动员化而缺乏女性特质，母亲要求她像女人一样走路。对此她大为不满。为什么一个女子的言谈举止，必须循规蹈矩，必须取他人满意？她要以自己的方式走自己的路。

她喜爱赛车，1985年，她用了22天完成了从巴黎至达喀尔的艰难赛程。其中大部分路途要穿越茫茫的非洲沙漠。

她有一副极漂亮的外表，身材匀称，亭亭玉立，一头浓密的亚麻色头发总是剪得短短的。《花花公子》杂志，曾借口展示她的魅力要为她拍裸照，她坚决拒绝了，对那些宣传一点不感兴趣。"我不需要这些，"她说："人们宣传一个女孩子漂亮，实际上往往是说她只能靠她的美貌和肉体出名。而我能赛车，我会柔道，我可以做比站在这里微笑更多的事情。"

她最显赫的成就也许就是1984年初在瑞典赢得冠军，她在与西班牙选手比赛中碰伤了右膝，导致韧带撕裂。用一位医生的话说，带着这样的伤继续参加比赛是不可思议的，然而，她返回赛场却又击败了法国选手鲁皮诺，取得了辉煌的成绩。

柔道运动时常会遭受负伤苦痛。1984年，她的右肩动了手术，她的右膝盖尚需恢复。在训练中她总是尖声喊叫："冲上去，冲！冲！"怠惰者不能同柔道同在。她有时还猛击一掌同伴或挨她一脚。"懒鬼！"英格丽德喊道。

她的教练总是这样说："我从不担心。她注定是个胜利者。她走向垫子时就像一个士兵走向战场……她为柔道而生。"她确实也是这样说和这样做的。"每次比赛都是一场战斗。"她说，"我不愿意说，我已经赢得了4次，我要说，我将赢得第5次。"

一位日本朋友送给英格丽德一枚银质星状饰物。她骄傲地把她戴在脖子上。那位朋友还许诺，如果她在1992年奥运会上夺魁，他将赠送给她一枚金星。她立即将胸前这枚饰物收起来，然后对那位日本朋友说："我的胸前等待着你的金星。"果然1992年如愿。

"最初，当一名世界冠军总觉得是幸福的，可后来觉得生活不那么美好。需要加紧训练，还要完成功课，学讲弗拉芒语、英语、法语……。可突然间许多人跑来找我，不是采访就是宴会。我花费了半年时间才学会了拒绝。"这是英格丽德真心话。她还说："我希望自己有两个身子，用另一个身子做我没时间做的事情。我能做自己想做的许多事。"可以看出她是一位热爱生活，兴趣十分广泛的女人。

日本柔道走向世界

柔道的鼻祖——嘉纳治五郎于1860年出生在日本兵库县武库郡御影镇，他刚满11岁时就到东京求学。他在私塾念书期间，因身体羸弱而备受凌辱。因此，在求学的同时，他毅然拜师学习了"天神真扬流"和"起倒流"这两种柔术。这就为他以后创立脱离柔术而独树一帜的柔道奠定了基石。

嘉纳23岁时创立了柔道。1882年5月，他创办了柔道的习武场所——讲道馆。当时的讲道馆坐落在东京下谷区，规模甚小，练武场的面积仅为20平方米。但小小的讲道馆却被喻为一轮冉冉升腾的朝阳，使日本新生的柔道充满了希望。此后，尽管讲道馆历尽沧桑，受到各派柔术的挑战，成为日本各种武术流派的众矢之的，习武场亦多次迁移，可是在与警视厅的柔术高手正式比武之后，人们终于承认了其在武术界的地位。练武馆也由当初的20平方米扩展到明治后期的近180平方米。

嘉纳之所以习柔术而创柔道，其意在于追求更高的目的。所谓"柔"，顾名思义就是柔和之意，其反义词是"刚"。常言道："以柔克刚"，所以柔道就被人们解释为"柔能克刚"之道。嘉纳曾说过："柔道不但有其体育比赛的一面，而且它还追求更高的目标。"在嘉纳看来，柔术只不过是名目繁多的武术流派的一种，而柔道却是博采众家之长的。其宗旨在于锻炼身体、参加比赛与修身养性，其中尤为重要的是修身养性。

在嘉纳担任奥委会委员的十余年间，虽曾不遗余力地力图使柔道能列入奥林匹克的比赛项目，然而他却从未想到过要将柔道作为单纯争夺奖牌的商品。他之所以将柔道的习武场命名为"讲道馆"，就是为了强调柔道与柔术的区别，以及强调柔道修身养性的重要性。所以"讲道馆"亦称为"讲述柔道真髓之馆"。

讲道馆的大习武馆内，至今仍悬挂着嘉纳先师的遗训：

"柔道乃最有效的使用心身全力之道。修其道乃在于通过进攻与防御训练，锻炼身体素质，陶冶情操，悟出此道之真髓所在。其最终目的在于悟出此道之后，救世济民，完善自我。"

这就是嘉纳治五朗开设"讲道馆"，教授柔道的目的所在。

嘉纳不仅创立了讲道馆，而且也为柔道走向世界贡献了毕生精力。早在1928年，当他率领首次参加奥运会比赛的日本代表队从阿姆斯特丹返回日本时，就曾发表过"希望柔道能列入奥运会比赛项目"的讲话。1933年，他在伦敦又一次提出："唯有柔道精神，才最符合以世界和平为理想的国际比赛精神。因此今后将辗转各国致力于柔道精神的普及。"

在嘉纳坚持不懈的努力之下，欧美各国涌现出不少柔道组织，并在1952年成立了国际柔道联盟。但在当时，除了少数欧美国家外，对大多数人来说，柔道仍是一种神秘的武术。作为传播柔道真技的"讲道馆"则更显得神秘莫测。

嘉纳去世以后，他的继承者们继续不断地为日本柔道走向世界而奋斗。在他们的努力下，1954年在雅典举行的奥委会全体委员会议，终于正式讨论柔道项目的问题。然而这项议案却在为时尚早的理由下轻易地被否决了。此后，在1957年索非亚奥委会会议上，这项议案又遭厄运。在其后举办的罗马、墨尔本奥运会上，柔道虽应邀做了公开表演赛，但仍未被列入奥运会正式比赛项目。在这期间，国际柔道联盟却已举办了两届世界柔道锦标赛。

1964年的在东京奥林匹克大会上，柔道才正式被列入比赛项目。嘉纳一生梦寐以求的理想，在他去世26年之后终于得以实现。从此，学习柔道的热潮就像一股旋风似的席卷世界各国。柔道开始从少数人的运动发展到广为普及的大众体育运动，从而使讲道馆的柔道由神秘的武术变成众所皆知的世界性体育项目。

柔道馆在它诞生50周年时已非常兴旺。由于参加柔道运动的人越来越多，柔道馆迁到了东京水道桥，在该处建立了一个拥有800平方米左右的大练武场。战后10年间，可以说是柔道的最盛期。当时，永冈秀一、佐村嘉一郎、三船久藏等十段高手每天去讲道馆习武。此外，讲道馆还拥有醍醐敏四郎（现为柔道强化委员会委员长）、大尺庆已（该委员会教练）及从秋田县警察局特地前来讲道馆研修的夏井升吉（首届世界柔道锦标赛冠军）等第一流柔道选手，真是好手济济。另外，当时在柔道方面较有实力的明治大学、日本大学、早稻田大学等一流大学的学生也不断聚集到讲道馆习武练道，并涌现出一批像曾根康治、渡边政雄等生气勃勃、前途远大、技艺高强的柔道后继人。

1958年3月纪念讲道馆创立70周年之际，又建造了一幢新的讲道馆大楼。这是一幢乳白色的七层高楼。当时，许多人都形容这座新落成的讲道馆象征着处于上升时期的世界柔道运动的美好前景。

可惜好景不长。几年后，讲道馆逐渐变得异常宁静起来。即使到了理应是习武最激烈的时间，来习武的年轻选手却寥寥无几。尽管讲道馆昔日的神秘感仍吸引着不少日本与外国选手，但是稍有功底的人都不愿进讲道馆。就连一些外国柔道选手都纷纷去警视厅或大学寻求更严格的训练。体育报曾就这种现象发表过题为"无人问津的讲道馆"的报道。更有人说："如今的讲道馆像是老年人与儿童的游乐园了。"

在国际柔道比赛中日本也屡遭挫折。1961年，在巴黎举行的第3届世界柔道锦标赛中，神求昭夫（五段）、古贺武（四段）、曾根康治（六段）相继败北，三人均输给了荷兰选手盖辛克（五段）。在东京奥运会的第二年，讲道馆的最后一名十段高手三船久藏也与世长辞了，而本来由日本人担任的世界柔道锦标赛会长职务也由英国的查尔斯继任。因此，日本的柔道面临着非常困难的局面。幸运的是，由于盖辛克该年引退，日本这才得以勉强保住其霸主地位。

对于日本柔道衰退的原因，当时的日本柔道界人士做了分析。众人一致认为原因于近几年来讲道馆已不再产生技艺高强的新手，而讲道馆本身也不再是一个专门研究柔道的机构了。

但日本柔道走下坡路的最根本的原因，在于违背了柔道原有的宗旨，仅将柔道看成是一种大体育比赛中获取奖牌的手段。

尽管日本柔道有所衰退，走了一段下坡路，可并非就此一蹶不振。1977年日本柔道界又升起了一颗新星，给整个日本柔道界带来了新的希望和光明。他就是年轻的柔道选手山下泰裕。

当今国际柔道界声誉最高的要数日本重量级运动员山下泰裕，他曾多次蝉联重量级、无差别级两项世界冠军，对手常常不到一分钟就被他摔倒在地。

山下泰裕，生于九州附近的熊本市。小时候是个调皮透顶的顽童，动辄与人吵嘴、出手伤人，几乎所有熊本市的居民都来过他家，上门向山下的家长诉苦告状。当地居民认为这个孩子将来定是社会渣滓。还是山下的爷爷有见识，他根据山下的性格和特点，因势利导，把他送到道场（柔道馆）去读书。10岁的山下从此再也不敢耍赖了，品德与学业都有了明显的长进，曾多次被评为该校的优等生。

进道场后，山下对柔道就爱上了，而且是着了迷。做完功课，一有空就到训练场去摔打，观摩学习，甚至假日里也不例外。由于他勤奋好学，刻苦钻研，柔道技术有了较快的进步，到了中学时代很快就成了一名出色的选手，在全国中学生运动会上崭露头角，名列前茅。

东海大学校长、国际柔道协会会长松前看中了这位富有才能的山下泰裕，待他中学毕业后，就让他进了东海大学体育系。

在大学里，担任山下泰裕主导教师的是左藤讲师。佐藤认为山下泰裕要确保冠军，一定要走出柔道馆，到田径场上去提高身体素质，因此经常给他安排速度、耐力等素质训练。经过刻苦的锻炼，山下的各项素质都有显著的提高。拿100米短跑来说，像他那样体重达135公斤的人能跑14秒，确实不易。

山下对待每一场比赛都是十分认真的。他那种"闪电式"的进攻，得到世界柔道界的一致好评。

山下泰裕对记者说："是我爷爷让我走上正道。校长的栽培，名师的教诲，才使我取得今天的成就。"

日本柔道在走向世界的进程中也必然受到欧美各国的影响。在外国，柔道从刚刚介绍过来开始，便有许多女性参加，但在日本，女子柔道在很长一段时间里被认为仅仅是一种"防身术"，禁止女子参加比赛。直到1984年第5届世界锦标赛，日本才派女选手参加并取得一枚金牌。传统柔道，在判胜负时，主要看运动员有没有清晰的招数，如果有明显摔招或压抑招，即判"一本胜"。而国际上争取获胜是以激烈的动作争取得分。日本选手过于讲究"一本胜"已不适应国际潮流的发展。1993年国际上通过了柔道服上加印广告的决议。1997年决定引入彩色柔道服。在此以前，柔道服只准穿白色的。日本曾以"彩色运动服脱离传统"为由表示反对，但多数人意见否决。

对于日本来说，国际化意味着接受世界，日本肩负着将本国文化（柔道）推向世界的新的历史责任。

日本的国术——相扑

在丰富多彩的日本民族体育项目中，最古老而又引人入胜的运动，首推相扑。它是一种民间摔跤形式，日本人喜欢称它为"大相扑"，被誉为国技。

日本和中国是一衣带水的邻邦，在公元前2世纪，日中两国就有了友好交往。中国汉代盛行角抵，并常用角抵和杂技等文体节目招待外宾，从而角抵东渡。

1700多年前，日本各地僧侣寺院众多，祭神活动极为盛行，并带有传奇色彩。民间流行的"祭谷神"热闹非凡。别有趣味，活动时，牛被打扮得十分时髦，金银镶嵌的花鞍上，插着数面五颜六色的彩旗，显得威风凛凛，好似童话里的"神牛"一般。当成堆的稻秸被点燃后，人们祈祷声，激昂的鼓声四起，"神牛"拉犁，姑娘莳秧，束着高髻、头戴花冠、穿着和服、脚跐木屐的妇女随即袅娜起舞。孩子们脸上戴着假面具扮着"鬼怪"手舞足蹈，追逐玩耍。在一阵呼号声中，一群彪形大汉赤膊上阵，个个长发盘顶，膀阔腰粗，在用草袋子砌成的圆圈内，两两角力。他们摩拳擦掌，虎视眈眈，有的单臂将对手扔出圈外，抛在草堆上。有时两强相遇，动作粗犷，似野兽格斗，赤膊着粗壮身躯在沙上翻滚，紧张炽热，难解难分。精彩的角逐，点缀着节日盛会，喝彩声经久不息。人们希望以优美的舞姿和大力士的勇敢压倒鬼怪，祈求丰收，吉祥如意。最早的相扑就是在这些祭神活动中出现的。

在民间传统的习俗中，相扑也甚为活跃。古代的五月的男孩节里，家家门前除了柱杆顶上悬挂鲤鱼形旗帜外，许多地方还组织健壮儿童在用土草包垒成的"土坯场"进行角力，后来形成了独具一格的"童相扑"，童幼相角，别开生面，分外天真活泼，惹人喜爱，也使相扑扩大了范围，增加了新的活力。

据日本史料记载，相扑曾由民间引进皇宫，成为供天皇及宫廷大臣们观赏享受的一种娱乐。第11代垂仁天皇时代，宫廷供养了大批民间角斗名手，按战绩赐予称号，其格斗的残酷程度不亚于古罗马角斗场，由于它是专供天皇观赏的，历史上称之为"天览相扑"。公元728年，由皇室出面组织了首次相扑大赛，从此，宫廷相扑作为一年一度的盛事而大放光彩。后来经过近江国力士志贺清林的改革，制定了48种技术，废除了捅、踢、打的野蛮厮斗，并把相扑作为朝廷的一种隆重礼仪。圣武天皇神龟三年，天皇曾用相扑欢迎朝鲜百济国使臣。从公元619年起，相扑在岛国逐渐普及，这在日本相扑史上称为"节会相扑"。

相扑也曾作为幕府将士必修科目。幕府是日本古代王朝处理军务的衙门。其历史654年，最早始于源氏镰仓幕府。这一时期武士势力崛起，习武风靡岛国，武士们将相扑、马术、箭术、剑术视为四大搏击技能。其中相扑已成为武士必修科目。涌现出一批赫赫有名的大力士。在日本相扑史上称为"武技相扑"。据日本史料记载，在镰仓幕府、宝町、江户三个幕府时期，江户时期是相扑登峰，在世袭职业军人、武士、旗本、御家人中，相扑较量习以为常，观看"大相扑"已成为国民喜爱的三大娱乐之一。

江户时代，类似班子式相扑场应运而生，日本人称它叫"斯摩"。平民只有名而无姓，相扑佼佼者却能"名字带刀"，可以有姓，令人羡慕。

19世纪中叶，美国人柯林斯曾去日本旅行，在《阿穆尔河纪行》一书中，记叙了1857年他在函馆目睹相扑表演情景。那时相扑场四周用木板围起来，顶上用布盖住，沿着场地的周围有一圈离地数尺高包厢，由贵族们专用，而平民则围坐在场地中央一个高出地面的土台盘四周。表演前，几对束发梳髻的相扑手从台后走出来分成二排，相对而坐。他们除了腰间围上一条带子外，几乎赤身。片刻后，主持者登场，边摇着雅致的扇子，边用唱歌似的调子宣布表演顺序。完后向观众鞠个躬，走下台去。随后裁判手执折扇登台主持比赛。比赛前每对相扑手都先用一只木碗里"力水"漱口，然后蹲下用手把比武台上沙将平，再将沾满沙的手在腋窝摩擦一下，并从挂在角上的小袋子里抓一把盐撒在台上。在这之后两个人以半蹲半立姿势对峙着，一听到角斗开始的信号就像猛虎似的扑向对方，喉头发出一阵咆哮声。他们使出全身气力又拖又拉，经过激烈搏斗，胜利者将对方摔抛出比武台。裁判员便举起扇子表示比赛结束。胜利者则双手按在膝上向观众鞠躬，然后走下台去。几对选手重复这样的表演。那时，相扑场的私人包厢里，还供应茶、水果、米糕，有些人一边欣赏一边进餐。表演时还有佩带双剑的士兵维持秩序。

据日本相扑博物馆资料记载，像函馆这样的相扑场，在当时的日本江户、大阪、长崎等商业交通繁华地区十分兴隆，一个相扑场往往每天有好几百人去观看，成为广大国民喜爱的一种消遣。

空手道与武士道

1944年10月25日，神风特攻队第一次出击，有9架飞机超低空飞行，由于飞得很低，雷达没有发现，当美军发现日本飞机时，它们又爬到几千英尺。5架机翼上带着炸弹的零式战斗机，从天空中，朝吉普航空母舰俯冲，另一架飞机又朝着"基昆湾号"舰桥冲下来。美国人原以为驾驶员会把飞机拉起来，不料它却朝左舷的狭窄通道冲去，一声爆炸，飞机翻入海中，另外两架咆哮着对准"范肖湾号"飞来，显然也是要撞它。还有一架似乎要降落，但驾驶员将飞机一翻，轰隆一声冲到飞行甲板上……

这是日本军部为了挽救失败命运，竟然用武士道作为精神武器，组织特别攻击队（也称神风特攻队）驾机冲撞美国舰只，制造一种极端残忍的自杀战术的空战中的一幕。但是无论军人这股武士道神风多么强劲，也不能挽救日本将覆灭的命运，反而使3500名年轻人在特攻中丧生。

第二次世界大战后，日本军国主义覆灭，日本武士道也随之隐没，但是某些武士道作为体育项目却流传下来。武士和武士道是怎么发展来的呢？这要从公元7世纪说起。

公元794—1192年，日本封建制度上升为平安王朝时期，地主庄园经济发展，国内阶级斗争激烈。9世纪中叶各地庄园领主为了镇压庄民反抗，摆脱国家干预，保卫庄园和扩充势力，纷纷组织私人武装集团，经常驱使庄丁学习武术，操练射箭和骑马，这些武装集团的成员当时被称为"武士"，又因为他们是效忠主人的侍者，也称为"侍"。这就是日本历史上武士阶层的起源。

10世纪以后，武士势力崛起，形成了平氏和源氏两个最大的武士团，他们为争夺中央政权而展开殊死斗争。平氏先篡权，后又被源氏消灭。1192年，源氏武士团在关东镰仓建立军事封建主义统治机构"幕府"，这时武士专权，是武士发展鼎盛时期。随着武士的产生发展而出现了武士道。那时，武士修习的武艺主要有笠悬、流镝马和犬追物等马上三物为代表的骑射，以及马术、步射、剑术和徒手搏斗。武士遵守的封建道德主要是忠诚、节义、廉耻、勇武、坚忍等等。武士必修的武艺和要遵守的道德就是武士道。

在日本历史上有一种重要的文化现象，就是在很长一段时间内，武士道成了日本国民精神要素。

江户幕府时期，武士道与文化教育并行，武士必须修习的武艺有剑、枪、弓、马、柔、炮等六术，再加上兵法称为武士七艺。其中剑术、弓术、柔术，又称剑道、弓道、柔道，与体育关系极为密切，至今，它们仍是日本传统体育内容，有的内容列为大中小学各类学校体育教材。有的项目如柔道已经发展为世界范围的体育运动项目。

17世纪末，由于德川幕府统治者腐败，几十万中下级武士生活贫困，因此对幕府不满，产生了"恨其主如恨其敌"的思想情绪，有些下级武士参加了农民起义，有些武士落草于山林海岛，武士道之风逐渐衰败。

1868年，日本发生了明治维新运动，推翻了德川幕府的封建统治，这是一次不彻底的资产阶级革命。明治维新废除了武士等级制度，但是明治维新后，日本力图向外扩张，1894年发动了中日甲午战争，1904年又发动了日俄战争，军国主义政策成了日本政府国策。在这种社会背景下，日本武士道又复兴起来，而且其声势超过以往，武士道精神教育深入日本民心。仅在明治三十二年至四十五年之间（1900—1913）这13年间，日本出版有关武士道主要专著就有15种之多，而且在学校也把剑道和柔道列入体育课内容。明治维新虽然从表面现象上看是废除了武士阶级，而实质上却是翻新了武士道，而且把武士阶级的武士道变成了全民的武士道。

第一次世界大战后，日本发生了经济危机，国内工农运动高涨，日本统治阶级为了摆脱这种困境，便对内实行法西斯专政，对外进行侵略。1937年，日本发动了侵华战争，1941年又发动了太平洋战争。在这段历史时期，日本军国主义极力向军队和国民灌输武士道精神。1935年，日本天皇命令陆军人员对学校男青年进行军事训练。武士道中的剑道和柔道也属其中训练科目。在皇军中更强调武士道精神。1944年，日本军部为了挽救失败，还把武士道精神作为精神武器，组织"特别攻击队"，演出了前面所述的那种自我残杀的悲惨"闹剧"。

日本首创"相扑外交"

近代相扑始于明治，比赛时服装仍沿袭古代角斗规定，只用一条"丁"字形宽带兜裆缠腰，日本人称它为"禅"。比赛开场前亮相时，往往还要披一件精工细绣的"围兜"，赛场设在室内，叫作"土俵场"，废除了江户时代的四根立柱，比武台为直径4.55米，高54厘米圆形土平台。场地上空往往吊着一个类似神社模型的亭子顶，日本人称之"神明造屋顶"，古色古香，独具一格。裁判员叫"行司"，头戴尖顶乌纱帽，身穿耸肩长衫，手拿一把叫作"军配"的折扇。相扑术仍以推抢摔绊扭等手法为主，推出土俵场或除脚底外任何部位触地即为败给对手。

相扑作为国宝，列入一年一度国民体育大会正式比赛项目。最隆重的盛会首推全日本职业大相扑赛，比赛在每年1、3、5、7、9、11月举行。即年初、春季、夏季、秋季大赛。每次15天。全年共用90天时间进行角斗。名古屋是举办全日本相扑锦标赛的四个城市之一。每当炎夏来临，那些肩宽体胖，梳武士发型，头盘顶髻，着轻质和服的相扑力士纷纷下榻名古屋，他们的到来，顿时激起当地人的狂热。一股激动的热浪在街头巷尾……。

赛前，趣味盎然的"散花"引人注目。"散花"即撒盐，每场大赛规定用450公斤盐，每年共用盐达3吨左右，这种沿袭古代相扑的仪式，至今仍视作"净身心、避邪暑"强精神之意念。

日本现代相扑分业余和职业两类，前者称"日本相扑协会"，后者叫"日本相扑联盟"。正式角逐队员身高体重有特殊规定，一般要求身高1.70

米以上，体重超过70公斤。运动员分级别：上段为幕内力士，分为横纲、大关、关胁、小结、前头。

昭和年代是日本相扑的黄金时代，名将新秀层出不穷。九州大分县宇佐郡的双叶山推为首榜，1937年夏季大赛上被推荐为第35代横纲。从三十年代以来曾连续69次夺魁，为相扑角逐纪录，誉为"国民英雄"。他病逝时，日本相扑界为他举行了盛大的"相扑协会葬"。相扑大力士的平均寿命约55岁，比一般男子寿命少20岁左右。为了增加体重，他们必须吃大量的含高蛋白质的食品。如海鲜、蛋类，有的竟一顿吞下几十个鸡蛋，由于过于肥胖，导致高血脂症和易患慢性肝炎。小锦力士刚从事相扑运动时，体重175公斤，仅一年就增加30公斤，创日本相扑力士体重纪录。这些大力士出国访问往往连飞机座位不得不进行改造。然而，尽管力士肥胖短命，却因他们有一定社会地位，加之经济十分富裕，所以仍成为许多美丽女郎追求的对象。

早在昭和三十年，相扑就已列入学校体育课教学内容，在中小学普遍将相扑列为三项格斗教材之一（相扑、柔道、剑道三项）。学生上课时，穿上类似古代角斗的服装。许多大城市每年还举办儿童、少年相扑赛，积极培养新手。

作为体育项目的相扑运动，除了具有愉悦身心的功能外，还具有不可忽视的政治功能。日本近代相扑就有着一段相扑外交趣话：事情发生在19世纪中叶，1853年7月，美国海军准将、东印度舰队司令马登·培理，率舰队抵达日本的横须贺港，递交美国总统国书，要求日本开放口岸，以供美国船只停泊并补给燃料、给养等。1854年2月，培理准将第二次率舰队远征日本，要求日本国立即对美国的要求予以明确答复，开放3—5个口岸，并以武力相迫。日本一向墨守锁国政策，但慑于洋人坚兵利器，又有中国鸦片战争失败的"前车之鉴"，幕府大将军被迫准备妥协。但是，尽管准备谈判，日本对美国炫耀武力的方式予以回击，日本方面谈判代表林鹈殿精心安排一次相扑表演，借此向美国人显示日本并非"不武之民族"，以悄悄改变谈判桌上屈辱地位。恰好当时担任美国人翻译的名叫罗森的中国人在场，目睹日本近代史一个重要场面，并如实记述：

"三月初旬，提督（指培理将军）再会林大学头（林鹈殿）于公馆，其时公馆之旁，有茶花数簇，灿烂鲜红，天气严寒，林大学头顾以票数百包每包约二百余斤重，遣肥人九十余名，俱裸体，一夫获举二三包，不一时而数百包之票未尽迁于海畔，再后，复使肥人清服赤体（相扑力士）以武力角于公馆之墀，胜者赏酒三卮……"（《遐迩贯珍》咸丰四年）这番表演，显然给当时观众留下深刻印象。罗森情不自禁叹道："……足见日本之多勇力人也"。至于这次"外交行动"对美国人所产生反应，我们从日美双方于1854年3月25日签订的《日美亲善条约》来看，日本仅开放了下田、函馆两港，而美国原要求开放3—5个港口。这种结局或许与这次相扑表演不无关联吧！

独具风格的跆拳道

1988年汉城奥运会，我国台湾省的陈怡安和秦玉芳，分别在女子跆拳道重量级和轻量级比赛中，赢得两枚金牌。早在尼泊尔亚洲杯比赛中，台湾省最年轻的跆拳道选手陈怡安，就显露出能在汉城奥运会上一争金牌的实力。

1.76米的陈怡安，在东方女选手中是少见的高个儿。亚洲杯时她靠着腿长的优势，连胜数人，进入决赛。最后虽败给南朝鲜的选手，却在失败中更认清自己的弱点。后来，她再度入选参加奥运会，住进训练中心，为百余天之后的奥运努力奋斗。为了加强体能与腿力，教练特别加重陈怡安的重量训练；还把汽车内胎的橡皮带绑在她的脚踝上，让她与男选手对打，以便增加她前踢的力量。在梨山、后果、林口的移地训练时，陈怡安特别加长自己跑山坡的里程，以锻炼耐力、腿力。

"天天苦练，就是要练到让自己对于'痛'一点感觉也没有才行。"前往汉城比赛之前，清秀可人的陈怡安指着身上的瘀青之处，若无其事地说："临阵对打，就是要让对方知道'痛'，而自己却要能'忍痛'。这功夫的深浅，就要看自己下了多少苦心了。"

奥运行前，陈怡安原先要求自己能表现得比在亚洲杯好就可以了，没想到苦练有成，获得中国人有史以来的第一面跆拳道奥运金牌。

9月18日下午1时21分，陈怡安出场对战意大利的选手，同量级8位选手中身材最高的她，在6分钟3回合比赛中，占尽上风。并且在第2回合，一记前踢将对手踹倒在地，获得一分，而轻松过关。

过了一个小时以后，陈怡安真正面临了强敌——南朝鲜的朴顺英，在半年前的尼泊尔亚洲杯比赛中，陈怡安曾是朴顺英的手下败将。

体育馆里的数千名南朝鲜观众，一面倒地为朴顺英加油，响声冲天，好不慑人，但是年轻的陈怡安从容冷静。

比赛之初，陈怡安流露出大将之风，利用身高的优势，将朴顺英逼在外围，让她近不了身，使得一向善攻弱守的朴顺英慌乱了。陈怡安把握对方不稳的良机，突然一个威猛的前踢，将朴踢倒在地，攻得一分。之后，陈怡安又多次踹倒对方，终于取得冠军决赛的资格。

下午5时32分，陈怡安与美国的妈妈级黑人选手黛博拉争冠军。虽然黛博拉经验丰富，但是陈怡安拥有年轻体力好和腿长的优势。

第2回合，腿长107厘米的陈怡安，居高临下，以有力的下压腿踢中黛博拉的头部，攻下关键性的一分。

5时44分比赛结束，裁判员举陈怡安的手，中国人终于盼到一块奥运跆拳道金牌。

喜事连双！在19日的赛程中，体重只有43公斤的秦玉芳，纤细白净乍看之下像体操选手，却锐不可当，也连闯三关，继陈怡安之后，赢得第二枚金牌。

除了金牌以外，我国台湾队另获得三面奖牌，他们是白允瑶、吴哲和陈君凤。跆拳道最早产生于古朝鲜技击术，李朝时朝鲜技击术定名为跆拳。

1945年跆拳更名为"跆拳道"，跆即为脚踢之意，拳是拳打，道是指艺术，简言之跆拳道就是拳打脚踢的艺术。60年以前仅在东南亚国家开展，1962年南朝鲜体育会创立跆拳道协会，从此该项目在世界迅速传播，1973年南朝鲜跆拳道协会与其他跆拳道组织共同成立了"世界跆拳道联合会"，并制订了一整套规章制度。1975年世界跆拳道体育联合会加入国际体育联合会总会，并于1980年被国际奥委会承认。1984年列为奥运会非正式表演项目，此后，韩国将其列为1986年汉城亚运会正式比赛项目和1988年奥运会正式表演项目。

跆拳道其灵活、快速，技术性强很适合亚洲人，2000年悉尼奥运会将首次设立男女各4枚跆拳道金牌。

刀斧丛下的竞技

在通往运动场的大道上，几百名骑兵来回奔驰着，他们锋利的刀斧在阳光下闪着寒光。那些前往运动场观看比赛的人们，望着飞驰而来的骑兵，个个吓得面如死灰，慌慌张张的躲进两边的树林里，他们谁也不知道那将发生的事情。但受好奇心的支配，他们个个踮足翘首，目不转睛地盯着大道的远方。

哦，从大道的远处飘来了威严的乐声，接着，看得见一大团尘烟缓缓地滚动着，烟团愈滚愈近，原来是一支声势显赫的队伍，只看见旌旗遮日，刀斧如林……

这是一支什么队伍呢？

原来，这只是护送一位"运动员"前去参加已经开幕的运动会。不过护送的不是一般运动员，而是古罗马帝国的皇帝，名字叫尼禄。

这位专横跋扈、不可一世的罗马最高统治者上台后竟密令心腹四处放火，他自己在高椅上欣赏大火场面，大火烧了六天六夜，不少人被烧死。他还喜欢看戏，当戏剧演到处死犯人情节时，他就叫奴隶扮演"死囚"在台上进行真正杀戮。这几天他不知为啥心血来潮，头脑中突然冒出个古怪念头，决定到奥林匹克运动会上寻求刺激，在巍峨显赫的皇冠上再加上几圈冠军的光环。

这位皇帝一方面显示自己的尊贵和威势，一方面也是害怕愤怒的帝国子民，他由5000名全副武装的禁卫军簇拥着，浩浩荡荡开往奥运会运动场。

皇帝要来运动场的消息使数万名观众震惊了。已经比赛的项目马上停下来，整个运动场笼罩在恐怖不安的气氛下。人们在死寂中战战兢兢地等待着尼禄的到来。

骄横的禁卫军冲进了赛场。当运动场四周布满持刀举斧的兵士后，尼禄的传令官宣布：比赛继续进行。第一个项目是驾车，皇帝陛下亲自参加比赛。

几十个浑身发抖的运动员被强迫推上马车。比赛开始后，尼禄越快越得意，他不时回头大骂后面运动员，马车飞快的奔驰在凸凹不平的地段上，尼禄未经受过这样剧烈的颠簸，他感到头昏目眩，心跳如鼓，他企图勒住骏马减缓速度，但他技术不佳，疯狂的马是不会理会御者显赫权势的。

"噗通"一声，尼禄从马车上摔了下来。立刻几十名骑兵飞驰而来，他们纷纷下马，争先恐后来搀扶皇帝。跑在皇帝后面的运动员在驾车上见到皇帝坠于车下，谁还敢再往前跑，他们勒住马车，毕恭毕敬地等候着皇帝指令。

尼禄不甘就此丢丑，他爬上车后，决心赛下去，他已经看清了这一点，无论他怎么跑，谁也不敢与他皇帝大人争夺第一名。

比赛结果，皇帝尼禄自然是"无人匹敌的冠军"。当马车冠军扬长而去之后，几十个担心的御者还心有余悸。上面说的是古罗马时代罗马皇帝尼禄参加奥运会的情形。虽然尼禄滥施淫威，亵渎古奥运会，但是毕竟召开了古奥运会，而且皇帝尼禄亲自参加。据说这位尼禄皇帝是竞技运动倡导者，他喜欢击剑、角力，并大力提倡参议院中一些参议员屈尊参加竞技场上的搏击，使自己在搏击中得到考验和锻炼，他还对妇女习剑持赞赏态度，认为妇女习剑大有好处。可见这位罗马皇帝尼禄还有其开明之处，这自然是非常不易和可贵的。尼禄死后，古奥运会已呈衰微之势，它已失去平等竞争的生命活力。公元394年信奉基督教的罗马皇帝狄奥多西，以异教徒集会的罪名，公开宣布禁止奥林匹克运动会，持续一千余年的古代奥林匹克运动会被罗马暴君扼杀了。

尚武的斯巴达

天刚刚亮，在神庙前的广场上，两个剃成光头的男孩正在厮打，他们还不到10岁，穿着破烂的长衬衣，个个骨瘦如柴。那个大一些的叫阿玛力，小的是帕斯。不一会儿阿玛力就将帕斯打倒在地，鼻子里流着血，但小帕斯还在奋力抵抗。

"打，狠狠地打！别可怜这小子。"一个二十多岁的青年队长在边上挑逗着说。

大个阿玛力受到鼓励，继续挥动拳头，没命的朝对方脸上打去。这样，小帕斯被打得躺在地上不动了。

"好样的。"队长拍拍胜利者肩膀，并继续表扬说："下一次选你当'小斯巴达'。"然后招呼其余几个孩子将被打倒的小帕斯抬下广场。

这样的事，每天都在斯巴达城邦大广场上发生。这些孩子正在练格斗。对于斯巴达孩子来说，这种严酷训练从7岁就开始了，一直延续到30岁。

斯巴达是古代希腊最强大的城邦，除了雅典就数斯巴达了。斯巴达原意是"可以耕种的平原"。全国25万人左右。斯巴达人都是奴隶主，而有二十多万人是希洛人，是被征服后的奴隶。斯巴达诗人特尔太厄曾经这样描写希洛人的生活：

像驴子似地背着无可忍受的负担，
他们受着暴力的压迫。
从勤劳耕作中得到的果实，
一半要送进主人的仓房。

哪里有压迫，哪里就有反抗。希洛人忍受不了斯巴达人残酷剥削和野蛮暴行，曾经多次起义。尖锐的阶级矛盾和原始社会遗留的习俗，使斯巴达形成一种独特尚武精神并且整个社会过着军事化生活。为了实行严格的军事集团生活，培养崇尚武力精神，斯巴达人还做了许多强制性规定：

婴儿出生后，父母不是用水而是用烈酒替他洗浴，以此作为对婴儿体质的检测，如果婴儿体质弱失去知觉或发生抽风，就让他死在酒里。随后，还要把婴儿抱到长老那里接受检查，长老认为合格，准许父母养育，否则就把婴儿抛到一个山峡墓地弃婴场里去。

在7岁前，孩子由父母教养，不用襁褓，从翻身到爬走，全让他自己锻炼。父母对孩子从不娇生惯养，而是尽一切可能教育他们知足、愉快，不计较食物，不吵闹，不啼哭，而且不怕黑暗和孤独。

年满7岁必须离开家庭，编入团队过集体的军事生活。孩子一进学校就得剃成光头，不管天气多么寒冷，天未亮就得赤脚到河滩上军训。队长有时还指着冰冷的河水，命令孩子们跳下去洗澡。等上岸时，个个冻得脸色发青，牙齿格格作响，队长就命令他们跑步，一直跑到出汗为止。

一年后，就不让孩子们睡床，而叫他们睡在干草上，以适应将来战场上的需要。为了锻炼孩子们的灵活和机警，还叫孩子们自己想法取得食物。

斯巴达有一个众所周知的故事，说有一个孩子在上学路上捉住一只狐狸。上课铃响了，那孩子找不到装这只狐狸的笼子，就把它藏在贴胸的怀里，狐狸在孩子胸部用锋利的爪子乱抓，那孩子为了遵守纪律，尽量忍受着，一动不动，等到下课，那男孩竟被狐狸活活咬死。以后，凡因遵守纪律，经受痛苦而不哼一声的男孩，就被誉为"小斯巴达"的光荣称号。

为了考验儿童们肉体忍受痛苦能力，任何儿童每年必须经受一次鞭笞，这种鞭笞通常在节日敬神时举行。孩子们跪在神像面前，让皮鞭"啪啪"的抽在身上，打得皮破血流，还要咬牙坚持不出一声，不求饶，不躲避。站在旁边的女祭司临场监视。她手执女神像，不住地高举或放低，指示着鞭笞加重或减轻。孩子们的家长也临场观看，父母们情绪激昂地高声喊着：

"你们用力抽打吧，他是真正的小斯巴达！"

男子到了20岁，便开始过军营生活，进行正规军事训练，定期10年。30岁后，才许可结婚，但不许久居家中，仍然要过军事生活。他们被编制在"斐迪提亚"公民团中，每团15人，平日每天操练、集体食宿。战时，一个公民团就作为一个战斗队，这种军事生活要过30年，直到60岁年老力衰为止。60岁以后如遇战争仍需出战。

斯巴达女子也要受尚武教育，少女必须进行格斗，赛跑、投标枪和掷铁饼等项体育军事训练。一是为训练出健壮的母亲，以便生育健壮的后代；二是为了战时男子出征女子也能挥枪上阵，守城卫国。这样的教育果然奏效，母亲送子出征时，不怕儿子战死，反怕其苟且偷生。她们不露依恋之情，不洒惜别之泪，而是庄严地把盾牌交到儿子手中，语重心长地嘱咐道"望你荣归，否则，以盾载尸而还"，然后目送儿子壮别而去。

经过长期的尚武教育，斯巴达人被培养成身体强健、刻苦耐劳、勇敢善战的战士。那时，斯巴达的步兵勇冠希腊，称雄一时。因此这种尚武教育在当时的历史条件下，起到了强族、兴国的积极作用，但这种教育也有其片面性。斯巴达"只长于武功，而短于文采"，这自然不足为取。

在地球这个美妙的环境中，数不胜数的动物与植物争奇斗艳，繁衍滋生。而其中最了不起的、最最美的则是由猿类转变而来的人类。

悲惨的角斗奴

在古罗马，有许多买卖奴隶的市场，市场终年熙熙攘攘，非常热闹，每天都有上千名奴隶被押到这里出卖。他们头上戴着小白帽，表明他们是战争中的俘虏；腿上涂着白粉，表明他们是等待出卖的奴隶；脖子上挂着木牌，写着他们的年龄、出生地、技能和浑名，显示着他们的价码成色。

一个红衣大汉走到平台边，他随意拍打奴隶胸脯，叫奴隶张开嘴，看看牙齿，又捏捏四肢，叫他跑跑跳跳，最后开口问道："什么价钱？"

"阿，便宜，便宜，每个六塔仓。"（古希腊硬币名称）人口贩子满脸堆笑地回答。

"唔，太贵了，我去年买的撒丁人，还不到三塔仓。"

"你说的撒丁人，可我这是高卢人，强壮的日耳曼人……何况今年物价涨了，一头牛还要七塔仓。"

经过一番讨价还价，最后总算成交。市场上的铁匠铺，炉火熊熊。铁匠给奴隶打脚镣手铐，还要给他们戴上一项圈，上面刻着："抓住我，不要让我跑掉！"这样一行字。奴隶戴上项圈，就脱不下来了。如果逃亡在外，奴隶主可以很快将其抓回来。另外还用烧红烙铁在奴隶前额或脊背上烙一个印记，这种印记通常是奴隶主姓名的第一个字母。

罗马有一些专门侍候奴隶主的日常生活奴隶。一个看门的奴隶曾经这样描述自己：

"我像狗一样带着锁链，经常像驴一样挨打，身上伤痕累累，跟豹皮斑纹一样。"克拉苏是罗马城里的大富翁，他一个人就有2万名奴隶，有了这么多奴隶，为什么还要买呢？原来公元前3世纪上半叶，角斗这种野蛮娱乐传到罗马。每逢节庆，都要举行角斗比赛。这些身强体壮的奴隶，就是被卖去充当角斗士的。他们经过训练后，就在广场或公开场所彼此角斗，或者与野兽搏斗，以流血牺牲供奴隶主们寻欢作乐。有时一场角斗竟出场数百对角斗士和上千头猛兽。克拉苏为了炫耀自己的富豪，准备在他的生日那天，举行一次盛大的夜间角斗表演，并要邀请全城所有富翁到场观赏。因此，早在一年以前，便派人到全国各奴隶市场挑选身强体壮的角斗士了。

红衣大汉这一回共挑到了200个奴隶。他把奴隶们赶进船舱，吩咐立即启航。但忽然发现有个叫阿里的奴隶带着他弟弟逃跑了，于是又派人把两人抓回。航途中，有一个奴隶生病了，红衣大汉说："别着急，我给你治病。"船开到一个荒岛时，红衣大汉把病奴扔到岛上，说是那里有"医神"给他"治病"，其实是让毒蛇和凶猛的山鹰去咬死他。

新买来的角斗奴和原有的角斗奴，被送进了角斗训练所。在那里，角斗奴们在教练的严密监视下，整天练习刺杀、摔跤。夜间被关在彼此隔绝的囚笼里，以防他们逃跑或串连。

角斗表演的日期来到了。罗马城里巨大的圆形竞技场又修饰一新。这是一座长约586米，宽约74—87米椭圆形巨大建筑，可容纳12—15万观众，始建于公元前329年。这座宏伟的建筑物外部分为三层，周围环着列柱。表演处可灌水成湖，用来表演海战，因此又称为"水陆剧场"。它的残垣至今还保留在罗马城。

这天夜里，月光皎洁，无数支火炬的光芒把场子照得通明。场内座无虚席。在看台的底下，有一个高高的荣誉观客座，上面是元老和外国贵宾们的专座。稍远处是供骑士们坐的凳子。再向上是一排排阶梯形的、中间有过道的普通座位。最高处是妇女席。墙壁里装了喷射香水的管子。角斗已成为罗马法定活动，并设有官员司管其事。

克拉苏宣布竞技开始。在浓烟黑雾的松明火炬照耀下，两名角斗奴被拿着火棍的裁判打开镣铐，推进场内。他俩头戴盔甲帽、护面罩，身披护胸，手持盾牌。其中一个握着剑，一个拿着匕首。手拿长剑的，正是那个曾经逃跑过的阿里。

"嗯，那拿长剑的身子挺长，他准能得胜！"

"拿匕首的那个也不矮。这一对身材差不多，我敢打赌是一场好斗！"

观众们一见角斗奴出场，立即兴奋起来。年老的贵族指手画脚地评论着角斗士的身材、举止、装备和架势，有的果真打起赌来。

阿里和他的对手在场内对峙一两分钟后，就开始了残酷的格斗。他们互相用盾牌护住身子，寻找机会，用手中的武器向对方刺去。突然，阿里被刺一刀，鲜血从他肩部涌了出来。观众台上立即疯狂地大叫："好，好！再来一刀，再来一刀！"阿里由于失血过多，开始支持不住，渐渐向后退缩。对方一见，有些犹豫，但四周的喊声逼着他们同时向前。不一会，阿里又被刺一刀。他倒在地上，但没有立即死去，他的对手也停止了进攻。

这时，台上的一个女巫站了起来，会场的目光顿时集中到了她的手上。现在将由她来决定败者的命运了。按照规定，如果这个女巫大拇指朝上，那么斗败者还可以保住残身；如果她大拇指朝下，斗败者就要当场被处死。这一回，也许是那女巫觉得这场格斗并不精采，便将大拇指往下一指。观众们的一片欢呼声中，阿里立即被杀死在他鲜血浸湿的场地上。随即，场里的裁判用烧得火红的铁棍在他身上一烙，肌肉已经没有一点跳动，证明真的死了，这才把尸体拖走。

尸体拖过胜利者的身边，忽然面罩落了下来。那个斗胜者定睛一看，不觉大吃一惊，原来正是他的哥哥阿里！他顿时眼前漆黑一片，几乎昏厥过去。这时，克拉苏又在宣布："再斗一次，看看他是不是真的英雄！"话音刚落，又一名角斗士来到了他跟前。阿里的弟弟面对哥哥血肉模糊的躯体，悲痛欲绝，未等对方举起长剑，就把匕首刺进了自己的胸膛……

"狗熊，狗熊！"台上掀起一阵狂叫。克拉苏也觉得扫兴，立即吩咐把两具尸体拖走，命令角斗继续进行。

分组分队角斗开始了。先是十几个人、几十个人的集体格斗，最后是300对角斗士的大决斗。在一片浓烟和火光笼罩下，角斗士的惨叫声、呻吟声和观众台上的喊叫声汇成一片。场地上鲜血染红了……

角斗，是罗马奴隶主贵族最欣赏的一种野蛮而残酷的"娱乐"。角斗士是受迫害最深重、处境最悲惨的奴隶。

从角斗奴到传奇英雄

"压迫愈深、反抗愈烈"，从公元前2世纪起罗马各地不断地爆发奴隶大起义。在角斗奴隶中，涌现出许多可歌可泣的英雄事迹，其中最著名的要数斯巴达克起义了。

斯巴达克是色雷斯（今保加利亚一带）人，在战争中被罗马人俘虏。

奴隶主看中他强健的身体和高超的武艺，想把他训练成一名出色的角斗士，就送他进了罗马南边的加普亚城角斗士学校。

角斗是罗马奴隶主最喜爱的一种十分野蛮残忍的娱乐。每逢举行角斗的日子，看台上坐满了奴隶主观众。先是角斗士带着短剑盾牌走出场，接着从地下室把饿狮或猛虎赶进来。人和兽角斗开始了，经过一场生死搏斗，不是角斗士将猛兽杀死，就是猛兽将人撕成碎块在那里狼吞虎咽。后来罗马人不满足于人兽相斗，还要观赏角斗士与角斗士厮杀决斗。经常强迫非洲人与色雷斯人对阵。色雷斯人用圆盾和短剑，非洲人手持长矛，双方搏斗时间愈长愈好越受到疯狂的喝彩。每杀死一个角斗士，就用干沙撒在一滩滩的鲜血上，再叫另一对角斗士出场。角斗上就这样一批一批死去。奴隶主为了保持这种娱乐事业继续下去，在罗马很多地方开办许多角斗士学校，不断挑选身体条件够的奴隶去受训。渐渐地，在角斗士学校里聚集了这样一批奴隶，他们一个个十分健壮强悍。斯巴达克是其中身体条件和角斗技术最出色的佼佼者，他入角斗士学校不久就练出一身精湛武艺，他失身于角斗行列还不到两年，就跟角斗老板走遍了罗马所有城市，身经万余场角斗。战胜则生，败者死在厮杀中，他击败了许多勇猛善战的角斗士。由于他技术高强，还曾被任命为角斗士学校的剑术、角力和体搏教师。斯巴达克以惊人的成就赢得崇高荣誉，成为英名盖世的"角斗名星"，这为他后来组织起义打下了基础。

斯巴达克一进入角斗士学校，就发现这里许多人和他一样，心里都窝着一团火，这是仇恨的火，渴望复仇的火。斯巴达克开始在角斗士中秘密地组织奴隶起义。他对大家说：

"宁为自由而战死，决不为富人的娱乐而丧生！"

斯巴达克很快串连200名角斗士，正当他们密谋夺取武器时，有叛徒告了密。斯巴达克当机立断，立即采取行动，起义者用厨房刀、烧肉叉和警察展开搏斗，结果在200人中有74人冲出牢笼。

斯巴达克带领这批奴隶登上维苏威山，发现山势险峻，除了一条崎岖小路可通山顶外，到处是悬崖峭壁。于是他们在山上安营扎寨，不断袭击附近奴隶主庄园。这时意大利发生连续饥荒，奴隶们纷纷前来投奔，不久，起义队伍发展到1万多人。

罗马统治者派将军克劳狄乌斯率3000精兵来到维苏威山下，把起义军团团围住。

一天，斯巴达克看到战士正在用野葡萄藤编织盾牌，忽然想到，能否用这种藤编织下山的软梯呢？他征求战士们的意见，立即得到大家的赞同。很快，无数条软梯编好了。

深夜，雾气朦胧，山风怒吼。山下的罗马官兵都进入了梦乡。斯巴达克率领战士，以惊人的毅力和勇气，顺着软梯，从峭壁上悄悄地爬到山下，又很快地迂回到敌人背后。

"冲啊！"斯巴达克一声令下，起义军向敌人营地猛扑过去，杀得敌军丢盔弃甲，溃不成军。克劳狄乌斯急忙跳上一匹还来不及装上鞍子的马，溜走了。

初战告捷，起义军士气大振。起义军在行军途中，来到了一座山冈。斯巴达克朝后一望，只见黑压压的一大队兵马正向他们追来。原来克劳狄乌斯溃败以后，罗马元老院又派遣一个名叫瓦伦涅的行政长官，率领两个军团约12000人，前来追击起义军。

起义军在半山腰和官兵交战。他们在一天之内，就歼灭了数千官兵。但是由于起义军过于疲劳，在一个山坳里被包围。瓦伦涅兴高采烈，已经准备向元老院报告胜利的消息了。然而，起义军又想出一条脱险的妙计：当天夜晚，起义军把敌人丢下的一具具尸体绑在木桩上，旁边点起篝火，远远看去像是一个个哨兵在放哨；同时派少数人吹起了军号，似乎起义军还被围困在山上。然后，起义军摸着黑下山。这一切布置得都逼真，行动也非常轻捷，一点没有声息，以致敌军丝毫未曾察觉到起义军已经撤离。就这样，起义军在敌人鼻子下，悄悄地沿着山路，突出了包围圈。天亮了，瓦伦涅发现中了计，急忙率军尾追，在中途遭到起义军的伏击，损失惨重，连他的卫队和坐骑都被起义军俘获了。

公元前72年，斯巴达克的军队冲破了敌人的围追堵截，继续北上。不久，阿尔卑斯山已经在望。这时，起义军已发展到了12万人。由于起义军内部发生分歧，有的领袖要求改变原定越山北上的计划，迅速回师南下，攻打罗马京城。这样就导致了起义队伍的分裂。有一支起义军在分裂出去以后，被罗马军队击溃。其他起义军在斯巴达克率领下继续北上。但因阿尔卑斯山山顶终年积雪，气候恶劣，大队人马要翻过山去非常困难，加上在北方富裕农民中也难以找到支持者，因此斯巴达克决定改变计划。他下令毁掉一切多余物资，杀掉不需要的马匹，挥戈南下。

罗马元老院得到起义军南下的消息，乱成一团，谁也不愿就任这一年的执政官。推来推去，最后总算选出了大奴隶主克拉苏就任执政官。元老院任命他为镇压起义军的军事统帅，赋予他"狄克推多"的称号，给他6个军团的兵力。克拉苏为了挽回危局，提高部队战斗力，宣布恢复残酷的"什一法"。他把临阵脱逃的500名士兵抓来示众，10人一组，分成50组，每组抽签处死一人。凡抽签该处死的人，当着广大士兵的面被活活砸死。

克拉苏整顿了部队后，便向斯巴达克猛扑过来。起义军与克拉苏周旋了一年多，取得了多次胜利。

公元前71年初秋的一天，斯巴达克与敌军进行了生死决战。起义军奋勇杀敌，到黄昏，有6万多起义奴隶壮烈牺牲。斯巴达克和上万名起义者也被包围了。战斗越来越残酷。许多起义战士身负重伤，但他们仍紧握长矛、短剑和斧头，发着怒吼，一次又一次地想冲出重围。

这时，罗马士兵排成密集的队形，向起义军紧逼过来，并投掷密集的石块，发出雨点般的射箭。斯巴达克骑着黑色骏马，手持长矛，奋不顾身地刺死了无数罗马官兵。他正在寻找克拉苏，想亲手杀掉这个大刽子手，突然，一个罗马军官偷偷在他后面猛刺一枪。斯巴达克腿部被刺中，斯巴达克临危不惧，对战士们说："宁可战死，不甘饿毙！"食物没有了，他们就用野草充饥。

他跪倒在地，继续用破损的盾牌抗击敌人手中挥舞带血的利剑，像一条吐着火舌的蛟龙，他那英勇无畏精湛武艺令敌人不敢靠前。只好在远处十几个人齐向他掷枪。英雄斯巴达克倒下了。

坚持了三年英勇斗争的斯巴达克起义终于失败了，有6万起义者壮烈地牺牲。克拉苏将6000名俘虏钉死在通向罗马的大道两边的十字架上。斯巴达克是两千年前最大的一次奴隶起义的杰出英雄。斯巴达克从角斗奴成长为杰出的古代英雄，一直为后世人所赞颂。

狩猎的帝王

在战国之前，狩猎是军事大典，为练兵的综合演习。《史记·魏公子列传》记载了这样一个故事：赵国在边境上集结了大批的军队。魏王以为是赵军要进攻魏国，便要调兵遣将以为防备。魏公子无忌的情报灵通，得知是赵王狩猎，这才免去了一场惊慌。一个诸侯王的狩猎就和打仗一样，说明了其规模之大。随着军事战术的变化，狩猎不再作为阅军的大典，而变成为帝王的娱乐。汉武帝刘彻是最喜欢狩猎的，"以驰逐野兽为乐"。他的文臣枚乘在《七发》中描述狩猎娱乐的情景说：在风和日暖的春天，乘着轻快的马车，带着华丽的弓箭；白刃闪光，旌旗蔽日，奔驰在山林草原之间；战马嘶鸣，飞箭如雨，武士拿着刀剑奔走呐喊；连最凶猛的禽兽见了，也为之心惊肉颤。经过一番追逐鏖战，猎获物把后车装满。日暮天黑，山林深处盛大的庆宴，篝火烧烤的野味喷香，大碗的美酒斟满，歌舞欢乐之后是沉醉的酣眠。以狩猎为乐，在唐代皇族之中最为盛行，唐高祖李渊统一天下之后，每年都要举行一二次大的狩猎。唐太宗李世民在狩猎中亲手刺死"犯驾"的野猪，称之为"天策上将击贼"。李世民的弟弟齐王元吉宣称："我宁三日不食，不可一日不猎。"唐玄宗要在禾苗盛长的夏季出猎，府司马卧在他的马前进谏："今农在田，陛下何得非时以损下人！"唐敬宗夜猎回来肆虐下人，为打球将所杀。1971年陕西省发掘唐章怀太子李贤墓，发现墓道壁画中有一幅《狩猎出行图》。整个画面有四五十骑，旗帜招展，骏马奔腾，显示了唐代贵族狩猎场面的热烈壮观。

清王室起于我国北方的长白山麓，世以狩猎作为练武和谋生的手段，"无事耕猎，有事征调"。不过这时不是用的射驭，而是骑射。特别是康熙、乾隆两朝，更为重视狩猎，每年都要进行一至二次大的狩猎活动。康熙晚年曾对他的近臣说："朕自幼至老，凡用鸟枪、弓矢获虎一百三十五只，熊二十、豹二十五、猞猁狲十、麋鹿十四、狼九十六、野猪一百三十二，捕获之鹿凡数百，其余射获诸兽，不胜计矣。"乾隆时还能保持"皆因田猎以讲武事"。

满族是我国一个强悍的勤劳的民族，自幼习骑学射，体壮身健。从军卒到皇室都提倡"弩强善射"。康熙曾说："周家以稼穑开基，我国家以弓矢定天下。"但是入关后，八旗子弟渐渐"骄逸自安，罔有弓马者"。而当时的沙俄或聚众举兵，连连侵扰我国疆土，或收买边境某些头领，煽动叛乱，不断制造事端。康熙是个有作为的人，对八旗将士入关后的骄逸自弱尤为忧患，因此，三令五申"力为矫革"。他除了规定文人乡试必须先试弓马，合格后才准入场外，还特别规定满族宗室和八旗子弟必须自幼习骑学射，10岁后，每年要进行小考。考试由皇子、军机大臣等主持，并由皇子先射。据记载，乾隆的射技不错，有一次射20箭，中19箭。后来有了火铳，又提倡练习火枪射击，增编了"虎枪营"。康熙、乾隆也都是好枪手。当时的木兰围场，现在还留有不少遗迹。在月亮弯有一块乾隆十七年的石刻："上用虎神枪殪伏虎于此洞。"据说乾隆曾在此一枪射中双虎。在史料中也记载康熙有次在行围时，鸣枪击中一熊，熊倒地不起，大家以为是击毙了，康熙命令第一次参加狩猎的乾隆上马去射死熊，以取个好兆头。谁知当乾隆驰近黑熊时，黑熊忽然跃起扑来，在此瞬间，康熙急速举枪，补发一弹，同时乾隆也沉着发箭，均告命中，击毙黑熊。康熙年逾70仍能驰骋于猎场，乾隆更是80多岁还能去围场狩猎。

在康熙、乾隆的躬行倡导下，清廷的射箭活动比较普遍，在清史中有不少有关侍郎、中丞等官吏打靶、射鹿的记载。在民间也是以善射为荣，勤练骑射。

自承德避暑山庄北行400里，就是木兰围场。那里层峦叠嶂，林木葱郁，水草茂盛，群兽孳蓄，是个极好的天然猎场。在康熙、乾隆时期，隔年或每年秋天都要组织万余人到这里狩猎，称之为"秋弥之典"。乾隆曾说："往来沙塞，风尘有所不避，饮时或致不时，以是为乐，固未见其乐也。"可为什么他们还要跋涉千里自讨苦吃呢？乾隆说是为了"察民瘼，备边防，合内外之心，成巩固之业，习劳苦之役，惩宴安之怀"。出巡行围和行军打仗一样，将士们身披甲胄，腰悬弓箭，跨战马，登战车，浩浩荡荡，军令威严，进止有序，"若有断续不整者，继以军法治之"。实际上这是一次各兄弟民族的联合军事演习。它对外是一种武装示威，对内是增强团结，操练士卒。

队伍到达后，首先是侦察性的"哨鹿"。行围前一天五更，由三十来人静悄悄地簇拥着皇帝深入猎区的丛林深处，走在前面的将士头戴假鹿头，吹起木制长哨，发出雄鹿求偶的呦呦声，诱出牝鹿，或生擒，或刺杀，犹如摸哨抓舌头。紧接着第二天就是大规模的围猎。首先是"撒围"，由管围大臣率虞卒千余人，将选定的围场团团围住，围外有虎枪营和射活靶子能手，专射逃出围外的猎物。皇帝在围外的高地"看城"指挥。守围的将士齐声呼吼，把围内的兽禽都赶到"看城"的附近，让皇帝入围尽情杀射，待皇帝射毕，返回"看城"后，围猎将士才跃马挥刀，各显威风，开始了大规模的射杀。如果猎物过多，皇帝就下令网开一面，任其逃窜。行猎完毕，将士高唱"塞山万壑纠，猎士五更行……行武毋忘业，畅游亦戎盘……"的凯歌，向皇帝呈献猎物。然后分别论功行赏，注册奖惩。这也似战时一样。

所获猎物，择其味美的运至避暑山庄，在万树园大摆野宴，款待来朝见清帝的各族首领和王公，同时还举行相扑、赛马等各民族体育项目的比赛。

在野宴快结束时，在漫天焰火照耀下，千余名威武将士，身披彩服，列队入场。他们左旋右转，进退回旋，成方阵，圆形，忽呈楼阁，又变鳌山，最后组成"万年春"、"天下太平"等字样。练过今日大型团体操的，就可以知道这些将士曾经历过多少刻苦严格的训练。

在避暑山庄里外有不少高山秀岭，"鸡冠""僧帽""罗汉""磬锤"等都是那里的名山，也是当时清廷登山的场所。每逢金风送爽、霜叶正红的重阳日前后，清帝就率领文武官员在那里进行登山活动。

摔跤择嫁

阿吉牙尼扬倚窗而坐。今晚，草原上的月亮格外皎洁，微弱轻盈的小风，不时为她送来阵阵花香。她无心赏月。她的心被远处驿馆里辉煌的灯光压得沉甸甸的。

阿吉牙尼扬出生在8月15日的明月之夜，所以妈妈为她起了这个名字，鞑靼语（Agianit）犹言"光耀之月"。并希望她长大像月神那样娇美。不过，她并没有顺遂妈妈的心愿。这是由于她的父亲海都整年都跟随忽必烈东征西战，小阿吉牙尼扬是在马背上长大的。她和男孩子一样，学会了蒙古草原上骑马、射箭、摔跤"男子三项竞技"，而且还是那达慕大会上的一流竞技者。她的爸爸海都当众夸赞说："我的女儿是草原上的雄鹰，不是天上的月亮。月亮只能供人观赏，而雄鹰可是猎人的好帮手。"

王爷家的郡主、草原上的雄鹰、年轻的姑娘，哪个小伙子不羡慕、不追求、还未长满18岁的阿吉牙尼扬。她的帐前每晚都挤满了来求婚的青年。他们骑着骏马，穿着华贵，弹着马头琴，把一支支求婚箭射向阿吉牙尼扬的帐顶。阿吉牙尼扬不胜其烦，她不愿意结婚，但又不能拒绝求婚。于是，她便请求父亲宣布：决定阿吉牙尼扬的婚姻大事是在摔跤场上。凡是三跤能两胜阿吉牙尼扬者便可以做她的夫婿，但求婚的先决条件是带100匹良马来，凡是输了跤的这100匹良马就是奉献给阿吉牙尼扬做嫁妆礼物。条件虽然苛刻，但却吸引了各地的富家子弟，前来求婚的人络绎不绝，他们赶着马群，带着侍从，千里迢迢地赶来。但是人们欢天喜地而来，却垂头丧气而归。原因是他们个个做了跤场上的败者，阿吉牙尼扬的帐下却添了10000多匹良马。求婚的人渐渐地稀少了，眼看阿吉牙尼扬出嫁的年龄也到了。

前天晚宴之后，海都和王妃把阿吉牙尼扬留在殿中。海都对女儿说："孩子，你已经长大成人了，该出嫁了，总不能在摔跤场上称雄一世，连个家也没有。帕马他是大汗驾前得宠丞相的儿子，是在富贵人家长大的，摔跤本领是'毛三脚'，比你差远啦，你在跤场上让他一手，成就了这桩婚事吧。"

阿吉牙尼扬断然拒绝说："无论怎样，世界上没有任何东西可以使我做任何不对和没有理由的事。"

"是那个帕马王子来了吧？"阿吉牙尼扬的脸仍朝着窗外。

"是的，小王子察八儿已经到驿馆里看过了，他回来说：1000匹马都是大宛纯种良马。王子长得很英俊，穿着也极为华贵。"

1000匹良种马有什么了不起！她阿吉牙尼扬帐下有几万匹良马呢？英俊！只要有华美的衣服，能骑马执弓的小伙子都会是英俊的，我阿吉牙尼扬真的是缺少这些吗？她在想。

安哥是阿吉牙尼扬的贴身侍女，深知她内心的秘密。

早在忽必烈征服大理，就给诸王各部颁下了圣旨，蒙古各军帐户，除了每年按时检阅"男子三项竞技"之外，通晓蒙汉历史，并陆续给各部藩王派来了能讲授蒙汉字的儒林郎。派到海都王殿下的儒林郎是个二十多岁的青年耶律隆兴。耶律原是辽朝宗室，在金灭辽之后全家逃到窝阔台汗帐下为奴，多少年的南征北战也立了点战功，隆兴长大后便当上了一个六品文职官的儒林郎。在海都王府隆兴掌管上下往来文书，早晚并兼任小王子察八儿、小郡主贴木伦的教师，教他们认识蒙汉文字。阿吉牙尼扬早过了求学认字的年龄，但有时也带着安哥随弟妹一起听先生讲蒙古历史。她不断地提出一些好奇的问题，先生都一一做了解答。阿吉牙尼扬第一次明白，除了战场、赛场、跤场之外，世界上还有很多有兴趣的事都记在书本上。

求婚跤场没有设在演武厅，而是设在王府的庭院中，但这阻止不了草原帐户蜂拥而来的观众。全府大门一开就拥进了数千人。帕马王子那魁梧的身材，一进跤场便引起了四周观众的喝彩。他脱掉插花锦帽，微屈上体，向殿上行了个见面礼，转过身来举起双手向观众招手致意。这时，阿吉牙尼扬在众婢女的护卫下也走进了跤场，她没有浓妆艳饰，只是淡淡的扫眉施粉，恰恰显露出那副亭亭玉立，仪态大方的自然美。她双手敛和向四周请了个问安礼。场上霎时间欢呼起来："祝郡主好运！""祝郡主吉祥！"

阿吉牙尼扬和帕马王子在场上施礼相见。两人便在场上走起跤步，帕马王子首先上步抢把，双手抓肩，用反劲下绊子，那招式、那动作极像郡主父亲，这一定是昨天海都王亲自教给他的，父亲是多么希望这次婚姻成功啊！阿吉牙尼扬就这样满脑子装着理不清的乱麻，糊里糊涂地被摔倒在地。等到四周响起了喝彩声，她方清醒过来。只见帕马王子兴奋得满脸通红，得意洋洋，高举双手跑着跳着高叫："我赢了，我赢了，我可以做新郎了。"阿吉牙尼扬全身热血沸腾，气满胸膛，暗暗骂道：

"这个薄情的纨绔儿，真是得意忘形，他把我当成他赌桌上的财宝，高兴得太早了。"

等到跤场上恢复了平静，开始了第二跤、第三跤，结果大出海都王及四周观众的预料，美满的姻缘并没有成功。帕马王子两次被莫名其妙地摔了个仰面八叉，而且摔得不轻。侍卫扶起他走出跤场时一瘸一拐，满脸怒容和沮丧之色。跤场四周开始是一片沉寂，刹那间又爆发出了雷鸣般的欢呼声："我们的郡主胜利了，胜利了！"

虽然海都王十分失望，这次跤场婚姻没能成功。然而例行的家庭庆贺喜筵依然进行，只是席面上沉闷多了，没有海都王的豪饮，没有王妃的欢笑，也没有察八儿、贴木伦的打趣。席间侍女进来禀报：儒林郎耶律隆兴求见。海都王紧蹙双眉道："他这时有什么紧要事，叫他在书房等候。"王妃道："耶律先生是我们儿女的教师又不是外人，他有事求见，一定很重要，就让他进来吧。"

耶律隆兴一身新装，天蓝色六品文官服，精神焕发，双手捧着一对白璧走到海都王面前下跪道："小臣斗胆，冒犯王爷，有白璧一双献上，略表小臣洁白坚贞的心意，小臣愿娶阿吉牙尼扬为妻。"

海都王大惊失色："你说什么？你，你怎能向郡主求婚！"

王妃道："俗话说，天山上雪莲人人爱，草原上骏马人人骑。咱们女儿是草原上的明珠，个个青年都愿向她献上爱心。"

海都王一时语塞。向美丽的姑娘求爱，在她的帐前弹唱求爱歌，施放求爱响箭，这是每个蒙古青年的权利，他虽然不满意耶律隆兴低下的身份，但拒婚的话是不能说的。"我们不是早就宣布过了吗？凡是向阿吉牙尼扬求婚的人需要带100匹良马来。"海都王终于找出了理由。

察八儿从席位中站了起来说："耶律先生是我的教师，我早想报答他，现在就把我帐下100匹马送给他作为求婚的聘礼。"

海都王只好点点头说："就算他有求婚的资格，可是我们的规定是要在跤场上赢了阿吉牙尼扬才算婚姻成功啊，他也在跤场上与阿吉牙尼扬较

187

量吗？"

耶律隆兴躬身施礼道："小臣虽体弱不武，甘愿陪侍郡主在跤场上开两跤，伤肢残体在所不辞。"

海都王无可奈何，只好说："那好吧，明天在殿前跤场上见。"

耶律隆兴和阿吉牙尼扬来到大厅，地上早已铺好了地毯，几十个侍卫婢女环绕四周。两人来到场子上，向海都王施礼，又行了相见礼。耶律隆兴穿了跤衣虽不甚魁梧，却也矫健威武。他毕竟是在蒙古军中长大的青年，胳膊腿活动起来却也有个摔跤的架势，只见他三脚两手，像拨灯草似的把阿吉牙尼扬连摔了两跤，连海都那样的跤场老手也没有看清他使的是什么招数。还在目瞪口呆之时，阿吉牙尼扬早已爬起来娇羞地跑到殿后去了。王妃和察八儿都哈哈大笑。耶律隆兴早已拜伏在海都王的身前："小婿拜见岳父大人。"

至此，海都王方才明白这一切都是早已安排好的圈套，自己是被蒙在鼓里了。"他们瞒得我好苦。早知如此，我又何必多操这份心呢？"

这是一段蒙古族1290年摔跤择嫁的真实故事。妇女以摔跤择嫁是蒙古族的一种风俗。据说是由于古代抢婚制造成的，那时一个妇女，只有嫁给力大出众的男子，才能保护她的安全，使她一生幸福。在蒙古人古代社会中，除了男子善摔跤外，也有不少善摔跤的女性。这主要是由于长期内外战争，促使她们锻炼并提高了身体素质和运动能力的结果。像阿吉牙尼扬这样的优秀摔跤选手大有人在。

骑士和骑士道

中世纪的东方是那样富庶，不仅遥远的中国和印度，就是离欧洲比较近的阿拉伯，也对欧洲王权统治者有莫大吸引力。埃及、叙利亚、巴勒斯坦这些地区，有繁荣的城市、兴旺的商业和大量财富。而处在"黑暗时代"的欧洲，城市稀少，商旅断绝，文化落后。王权统治者、富豪贵族一提到东方就眼红，他们的胃口越来越大，庄园里的出产已经满足不了他们的欲望。那些统治者早对东方垂涎三尺，为了侵略东方就要加强军事统治，从而注重培养骑士，因为当时军事技术落后，没有枪炮，骑兵在战争中起重要作用，因此，中世纪西欧出现了"骑士体育"。

骑士是中世纪欧洲封建统治阶级最低的一个阶层。他们多来自没有财产继承权的封建主子弟，那时西欧盛行长子继承制，封建主的遗产全部给长子，其他幼子一无所得。那些幼子的社会出路主要在于通过教育成为骑士，然后获得国王或领主的封邑，变成小封建主。就是那些得不到遗产的骑士，也积极要求向外掠夺，因此，成千上万的骑士参加了十字军作战。由于社会和掠夺战争的需要，促进和形成了骑士教育制度，而其中骑士体育占有重要地位。

骑士教育制度规定，封建主的儿子满7岁时，就送到高一级的封建主家庭中去受教育，或出外从师学习，他们侍候主人或教师，听其差使，同时学习各种礼节，学习赛跑、角力、拳斗，进行比武训练。

在15岁到21岁时，重点学习骑士"七技"，即骑马、游泳、投枪、击剑、打猎、下棋和吟诗。平时侍候女主人，照料领主战马和武器。陪伴主人散步、打猎，战时，随主人出征。

21岁时，通过测验，接受牧师和领主祝福后授予骑士称号，成为领主的封邑官和教会的卫道士。

当上骑士后还要经常训练。封建主们时常把他们所管辖的骑士招来比武，以讨高一级主子的欢心，这种比武活动，后来发展成骑马或徒步的殊死搏斗，伤身害命，非常残暴。领主和骑士们平时最喜爱的消遣是打猎行乐和骑马比武。打猎时不仅要许多农奴陪同，还任意践踏农奴庄稼。为了保证四周有野禽野兽，规定任何农奴不得打猎，违抗就挖去眼睛，甚至当场打死。骑士们在比武场上狂饮滥赌挥金如土。可以看出，那些所谓高尚的"骑士道德"多么虚伪！

骑士教育内容虽然包括文、武两个方面，但偏重武，不甚重文。骑士体育里不存在古希腊全面发展思想，忽视智育，更没有早期罗马人在体育中对国家和民族抱定的责任感，只有宗教的狂热和对领土和贵妇人的献媚。

1099年7月15日，十字军攻占了耶路撒冷。那些狂暴的骑士在这座"圣城"屠杀7万人，连妇女、儿童也未幸免，他们还剖开死者肚皮，寻找死者生前吞下的金币。

西欧的骑士教育，盛行11—14世纪，后来由于封建制度的解体和军事武器的广泛运用，它就逐渐消亡了。不过到17世纪初，西欧仍然有人妄图恢复骑士制度。这在西班牙大作家塞万提斯所写的《堂吉诃德》中所塑造的堂吉诃德先生的典型人物身上有充分的反映。堂吉诃德因酷爱骑士小说而着了迷，于是骑着瘦马，穿上破旧铠甲，手执盾牌长矛带了一个骑驴的农民桑丘·潘沙做侍从，周游天下，决心用骑士行侠的方式锄强扶弱，以恢复骑士制度为己任。他怀着建功立业的狂热，失去对现实的感觉。因此干了一系列冒险事情：把风车当作摆动粗壮臂膀的巨人，把穷客店当成豪华的骑士堡垒，把妓女当成贤淑的公主……受尽了屈辱和折磨，最后终于败北，并从此卧床不起。他在遗嘱中嘱咐外甥女：千万不要嫁给　　骑士。

随着封建经济的解体和火枪在军事上的运用，骑士和骑士道早已成为历史的陈迹了。而生活在资本主义兴起时期的堂吉诃德，却憧憬着已没落了的骑士道，固执地认为要扫除社会不平"莫过于游侠骑士和骑士道的复活"，他的狂热和冒险行动必然碰壁。青山遮不住，毕竟东流去。骑士和骑士道必然随着历史的车轮向前而销声灭迹。

拳击运动今与昔

某个学校室内体育理论课上，学生们辩论起拳击到底是古老的运动还是现代的运动？提出拳击是现代运动的学生认为：拳击运动是近年由西方引进的运动，岂不是现代运动。其实这些学生不知道，拳击在我国只是消失了27年，拳击运动已有5000年历史。

在埃及公元前40世纪的象形文字中，就有关于拳击用具"皮绷带"的记载。另外考古学家还在巴格达近郊发现发掘出许多拳击场面的壁画和石刻。日本体育学者寒川还发现在几千年前波利尼西亚（太平洋群岛）哈鸟沙族进行拳击格斗的壁画。

当然上述发现都证明作为拳击的萌芽状态，在四五千年前就有了。但是作为一种正式的拳击运动产生于古希腊，当时上场的运动员或赤手空拳或缠以皮革条带，以击伤或击倒对方为目的。具有原始的野蛮性，但有少量规则限制。进入罗马时代，统治者及其贵族寻求刺激，拳击迅速演变成"流血格斗"。斗士常常在手戴的皮条上嵌上金属扣，坚硬而又锋利。公元688年，拳击被列入古代奥林匹克运动会。

公元698年，古奥运会的拳击比赛有了较大变化，实质上将拳击变成了"肉搏战"，过去已经有的一点规则要求被全部免去。斗士们可以拳打脚踢、头撞肘击，一旦一方被击倒在地，另一方可施以拧、掐、砸等一些招式，直到对方动弹不得，方才罢休。这对于拳击手来说，死亡随时可能发生，拳场成了坟场，拳击赛的健身性、娱乐性荡然无存。

随着时代的变革和社会的进化，拳击运动也逐渐臻于完美。公元18世纪，英国恢复拳击。1743年，英国人约翰布伦顿推出了新的比赛规则：与赛者允许击对手腰带以上部位，一方倒地，另一方不准继续出击，暂停30秒让他站起来。1896年，英格兰人杰克·道格拉斯进一步制定出昆斯柏利规则：拳击手必须戴拳套；一切比赛需分轮，三分钟为一轮，每轮间休息一分钟；一方倒地，他必须在裁判倒数十个数时站起来，否则以战败论处；不许抱成一团等等。这些规则为拳击比赛奠定了基础，也为现代普及拳击运动铺平了道路。1901年，第一次正式比赛在伦敦举行，1904年拳击被正式列入现代奥运会项目，共设12块金牌。拳击比赛按体重分48公斤级、51公斤级、54公斤级、57公斤级、60公斤级、63.5公斤级、67公斤级、71公斤级、75公斤级、81公斤级、91公斤级和91公斤以上级共12个级别。1924年国际业余拳击联合会成立，现有130个会员，总部设在美国。发展至今，拳击这个项目拥有最多的世界性组织：一个国际业余拳击联合会和四个职业组织——世界拳击协会、世界拳击委员会、世界拳击联合会和国际拳击联合会。以职业拳击赛为例，共有16个级别比赛，那么所有这些组织每年仅举行一次锦标赛，一年至少有70余个世界冠军出现。

拳击比赛有业余和职业拳击比赛之分，参加业余拳击比赛的，必须年满18岁，经家长同意并持有教练员证明训练良好的签证和医生的健康证明书。职业拳击运动员必须年满21周岁，现今有些国家放宽至18岁。按国际业余拳击联合会规定，职业拳击运动员不得参加业余拳击比赛。

20世纪，西方工业发达国家相继进入资本主义，拳击运动十分清楚的分化为业余和职业性质完全不同的两大系统。职业拳手隶属于某个职业俱乐部，双方订有契约，因此他们一切赛事都由俱乐部和其经济人控制。职业赛时间有6、8、10到15轮不等（每轮3分钟，轮间休息1分钟）。重要的拳王争夺战则必须有15轮。拳手赤裸上身，下身着短裤；拳套轻而薄；胜负以技术击中和击倒来计分决定。

职业拳击共分8个级别。最重要、最有影响的是重量级，尽管各级别均有拳王之称，但真正可以称道拳王的是重量级拳王。一个组织的冠军不能被称为拳王，因此几个组织经常指定同等级冠军相互交手，败方仍可推出新的冠军向胜者挑战，直到一方胜者连胜三名对手以上，方可被公认为拳王。职业拳击界，由于拳手不能掌握自己的命运，职业拳手伤亡频频发生，据统计在1945年至1982年间，倒毙在拳台上的拳手就有353人之多。奥运会所设拳击赛自称是以增进健康，培养勇敢机智、优良品质和良好道德作风为目的，这是真正的拳击运动，它一直沿着健康的道路前进和发展。

在装备和规则方面，职业选手和业余选手有很大不同。业余选手比赛使用大而厚（松软）的拳套，允许戴头盔，一般上身穿背心，安全有保障。比赛仅为三轮，对抗剧烈但强度却大有节制。只有比赛场地，业余和职业拳手是相同的，赛场为9平方米正方形高台，台面铺以完整平坦的地毯。四角立四根立柱，连以蓝、红、白三色四根弹簧绳。每场配以七名裁判，一名主裁判负责全部裁判工作。

将手掌握起来便称为拳，人以拳可以击物，也可手握石块击物，亦可与人对击，人类曾在五千年前就以拳击作为游戏。经过几千年的发展变化，至今拳击已成为现代竞技中最吸引人最激烈的项目了。在未来，拳击运动还必将有新的改革和发展，也必将愈来愈受到人们的关注和欢迎。

美国职业拳手第一人

从100美元开始到房地产商，是一个职业拳击手的开始和结果。

拳赛经纪人山姆收到一封老一辈名拳师伯特·格兰邓的来信。信中说，要向山姆推荐一个空前杰出的小伙子，体重220磅，年纪22岁，他比所有老牌拳师更能制服人，这小伙子就是伯特·格兰邓，他的全副本领是老伯特亲自传授的。

山姆决定亲自去寻访伯特·格兰邓。

在北加利福尼亚一个人迹罕至、道路崎岖的山谷里，山姆找到了伯特·格兰邓。

"我知道你会来的，山姆，我的孩子。"老伯特一颠一跛地跑来跑去，忙着生火，煮咖啡，还蒸了一大块熊肉。

老伯特告诉山姆：他的儿子今天打猎去了，明早才回来。他是个大自然哺育的孩子，朴实、纯洁、天真，有野牛似的气质和筋骨，同许多山地老乡试拳时，就像逗着他们玩儿似的，无论外圈、内圈都很出色，是个天才的拳师，毫无疑问可以击败当今一切高明的拳击手。本来，老伯特打算自己做他的经纪人，但他已经81岁，随时都可能死去，所以愿意请山姆做经纪人，可是得签一个合同。

第二天刚蒙蒙亮，山姆就被老伯特从被窝里拖出来。"出来吧，瞧瞧在拳击界里从来没有见过的最伟大的拳师吧！"

山姆从敞开的门口望出去，一个年轻的彪形大汉正走进林中空地，他肩上扛着一只沉甸甸的大鹿，走来却像猫一样，仿佛没有一点分量似的。山姆是个退休的重量级拳师，也是一位高明的拳击裁判员，他确实从来没有见过像小伯特这样具备一切拳击有利条件的人，这真是一头旷野上的猛兽！

"伯特，孩子，这位先生要把你带到旧金山去。"

"我情愿在这里，爹。"

"你得去，赛拳去，这就是我训练你的目的，我的孩子。"

"好吧。"

为了试试小伯特的拳击技术，山姆同他进行一次小较量。较量时，无论山姆怎样进攻，小伯特都只以懒散的温和的技巧挡击，仿佛在逗闹。在一次对持中，山姆不怀好意地朝他嘴上飞起一拳，小伯特立即还了一拳，这一拳并不怎么快，但沉重、滞缓的拳力，使山姆感到脖子里的关节格格作响，仿佛脖子已经折断了。"他真行！他真行！"山姆感到，这个小伙子虽然纯洁单纯，但敏锐坚韧，不好欺侮。

一到旧金山，小伯特就提出要同拳王吉姆·汉福特较量。山姆告诉，初登拳坛就和拳王斗，那是不可能的，拳王不会把默默无闻的人当作对手，观众也不会看这种拳赛，必须先同不足道的、不见经传的本地武士赛起。

一如所料，山姆的这个山野拳师遭到拳击俱乐部经纪人们的讥笑，认为最多只能打一场四个回合的预赛。山姆凭着他个人的声望，总算为小伯特安排了一场15个回合的正式比赛，对手是绰号"哇哇叫"的本地拳师，赌金一百美元。拳赛一开始，"哇哇叫"像个吃人生番，狂怒地向伯特扑来。伯特神态安然地跨上一步，端量了对方的冲势，闪开一步，右臂抡成弓形，在对方颚上就是一拳，然后站住，异常惊奇地瞧着，原来拳赛已经终结，"哇哇叫"醒来，第一句话就问："出了什么事啦？是不是屋顶塌到了我的身上？"

接下来同罗夫·梅森和朱勃的两场拳赛，小伯特也都在第一个回合的开头10秒钟，就把对手打倒在地。

小伯特虽然连赢三场，在拳击界却仍然毫无影响。

"这不行，伯特"，山姆摇着说，"你不能靠10秒钟的拳赛来吸引观众呀，而且快要没有人愿意跟你比赛了。你我之间得事先商定好，每一场该打上多少回合。下次你跟'鬼船长'比赛，假定你让这场比赛来它15个回合，在最后一个回合把他打垮，那样既给你一个表演的机会，观众也不会得不偿失呀！"

"好吧，不让观众得不偿失。"小伯特说。

"鬼船长"是个年轻的瑞典人，既好斗，又坚韧，总是采取攻势，向对方发出雨点般的打击。伯特为了避免过早地击败他，感到有些穷于应付，在闪避致命伤害的同时，也不能完全躲过这许多连续不断的飞拳。这是场很好的练习，小伯特开始有点儿欣赏这种拳赛了。

第14个回合，"鬼船长"使出了全部力量。锣声一响，他就冲到对面边角。全场欢声雷动，观众们知道"鬼船长"发威了。小伯特觉得有趣，决定以完全被动的防御来对付这次猛烈的攻击。他使出的闪避表演，随着对方变化莫测的攻击而前后摇摆，调换姿势，让对手无数拳头落在他已经作了防御的地方，整个3分钟旋风式的搏斗中，他既不发一拳，也没作攻击的姿态。

观众都站了起来，满场喝彩声，认为小伯特已经没有招架之功，正在挨对方狠狠的捶击。

"你能打垮他吗？"这个回合刚结束，山姆就焦灼地问。

"10秒钟以内，你瞧我的吧。"

没有什么诡计。锣声一响，小伯特就跳了起来，在这场拳赛中，他第一次毫不含糊地要向对方发动攻势了。不到一秒钟，小伯特乘"鬼船长"跳起来的时候，从右面对准一拳打去，把他打得昏倒在地上。伯特的声威大震。体育家、体育记者都在捧他。接着在一年时间里，他又击败了四个二流拳师和五六个仅次于重量级的著名拳师。由于他沉默的性格和牛的力量，记者们给他起了个绰号叫"深谷猛兽"。

随着小伯特名望的升高，收入愈来愈多。不像最初赛拳，每次只能赚100元，现在一场比赛可以有两三万元收入。山姆则成了暴发户，对房地产发生了浓厚的兴趣，在旧金山他拥有的房屋、公寓。比小伯特所能想象的要多得多。而他又从几家电影制片厂接受一笔又一笔巨额款项，小伯特压根儿都不知道。山姆最重要的工作是继续保持他那位青年拳击英雄的天真无知。

这是一场出色的拳赛，双方都精明伶俐。鲍瓦斯一刻不停地一个回合接一个回合追击他的对手，小伯特则防御得令人叫绝，他仅仅施展一些足以让观众欢欣鼓舞的攻击。

第16个回合响锣以前一刹那，山姆对伯特说："现在，你准备把他打垮吗？"伯特嘲弄地笑着，摇摇头。

锣声一响，鲍瓦斯一下子冲过来，跟着是阵猛烈的持续的战斗。好几次鲍瓦斯露出破绽，但伯特没有打出决定性的拳，这一拳他要保留到几个回合以后再使出来。两分钟过去了，再有一分钟，这个回合就完了。这时他们刚巧到达赛台中心，一次跟平常没有两样的抱持，鲍瓦斯猛烈地挣扎着、扭动着，伯特敏捷而轻快地在他脸上打了一下，和他在这次比赛中所使出多次轻快的拳击并无区别。但是，叫伯特吃惊的是，鲍瓦斯竟在他的手臂上软瘫了，弯着身子往下沉，最后噗通一声倒在地上，两眼紧闭，毫无动静，喊数的时候，他震颤着，装得好像没有力气挣扎起来的样子。

小伯特胜利了，在第16个回合！他第一次感到头晕目眩起来。

可以容纳25000人的"金门竞技场"挤满了观众。7位老牌拳击英雄被介绍给观众，观众要求他们每人讲一次话。轮到小伯特讲话时，他说：

"今天晚上是我最后的一场拳赛，我就要永远跳出拳击界。因为拳赛充满奸诈，拳赛的经理人都串通舞弊，腐败透顶……"

观众们给吓一跳，惊愕地悄声低语。

"你们都是受骗的人，拳赛的胜负都是幕后安排好了的，这是个大骗局……"

观众爆发出一片吼叫声。

拳星蒋浩泉

当我国在国际体育比赛中被描绘为"中国等于0"的时候，蒋浩泉叱咤拳台，挫败了国际名手。

1937年，蒋浩泉从当时的南京国立体育专科学校毕业。接着，灾难深重的"八年离乱"便开始了。当硝烟在可爱的国土上弥漫开来的时候，他不得不随校向重庆迁移。

这天，蒋浩泉等人搭乘一辆运棉花卡车，颠簸于云贵公路之上。云贵公路，盘绕回环于崇山峻岭之中，斧凿刻挖于山腰之上。上面青石压顶，路面坎坷不平。左边是直立石壁，右面是令人毛骨悚然的悬崖。突然，一辆汽车迎面开来，使运棉车司机慌了手脚，造成了惊心动魄的翻车事故。当余生者尚未从惊愕中镇静下来的时候，只听得车下有人呼叫。一看，是蒋浩泉被压在车下。当"天翻地覆"的事情发生时，蒋浩泉以为一切都完了，可是，揉了揉眼，这又才发现自己还活着。是汽车对这位年轻人客气么？不！他自小喜爱拳击、武术和摔跤，练就了钢铁一般的身体。当他发觉汽车将发生事端的瞬间，练功运气，爆发出一种叫人难以置信的拒车之力，这才免于一死。蒋浩泉在众人帮助下从汽车底下钻出来后，发觉小腿出血疼痛，但两胯未曾伤及，这才高兴地一笑："今后仍然能够拳击！"

雾都重庆，生活艰辛，环境也很污浊。但是，蒋浩泉没有沉溺，作为中华民族的一个青年，是忍受不了外国人对自己祖国的凌辱。1942年，中、美、英国际拳击比赛在重庆举行，蒋浩泉首战美国职业拳手白克拉。第一场，令对方败在他的手下。第二场三个回合，尽管对方十分顽强，但他一拼到底，连赢三盘，获得全胜。之后，与英国久文更生交锋，这是一场实力悬殊的激烈"搏杀"。久文更生是全英冠军，个子比蒋浩泉高出半头，块头也大，可谓彪形大汉了，而且出拳快，动作活，技术全面。蒋浩泉深知，单凭实力，是敌不过久文更生的，于是便暗施巧计。第一场，他佯装成不堪一击的样子，有意露出破绽，诱使对方从左路进攻。第二场，一开始蒋浩泉虚虚实实，继续挑逗对方。他见久文更生已经上当，便出其不意地猛出左勾拳。这一拳又狠又妙，不偏不倚地击中对方左腮。久文更生没有戒备，猛挨这一拳，身体唰地一个翻转，摔倒在台子上，等口令数到十，还不能够爬起来。

在40年代，有谁见过，一个普普通通的中国人，居然将一位大名鼎鼎的世界强手击败？这在外国人中引起多大的震动？为中国人又带来了多大的喜悦？蒋浩泉的成功，全场轰动，人们流着泪，狂跳着，向空中掷帽子，抛衣服……

著名电影演员王丹凤，为拳击明星蒋浩泉献花，这在上海曾经一度传为佳话。

抗战胜利后，为救济苦难的孤儿，上海体育界和福利界人士，联合发起募捐拳击表演，并且邀请英、法、葡萄牙选手参加。

但当时的上海，拳击是个"热门"，一旦比赛，便会轰动全城，加上蒋浩泉和国外名手登台献技，又是义演，当然要出现购票高潮。票价每张约合现在的人民币10元多，据说还有倒卖黑市票的，票价高达两倍以至三倍。

表演这天，当蒋浩泉走进现在的山西路体育馆的时候，全场已经座无虚席。他一面向3000多名观众致意，一面走上一米多高、拉有绳圈的拳击台。使得他意外的是，就在他招手之间一位窈窕姑娘，穿着绚丽，手捧一束鲜花，婀娜走来，啊，这不是王丹凤么！他不自觉的伸出手来，接过她手中的花，抑制不住自己激动的心情，一个箭步，跳下拳击台，径直地朝后跑去，然后戴上拳击手套认真地练习起来。

这次表演，共有八对选手，蒋浩泉同法国一名拳星配对，安排在最后，唱一台"压轴戏"。双方一交手，蒋浩泉便上下左右全面进攻，直拳、勾拳，声东击西，令对方难以招架，以至倒在绳圈上。比赛结束了，蒋浩泉重新捧起王丹凤献的花束，汗水滚滚地走出了体育馆……

旧中国，由于经费短缺和其他许许多多的原因，蒋浩泉的努力和天赋，没有办法得到很好的发挥。解放了，他虽然已经是年过30的人了，但青春的泉水，却又在他的心底流动起来。中华人民共和国成立后的第一次全国跳水比赛，他兴致勃勃地登上跳台，夺得了第一名，不久，又相继在华东和全国体育比赛中，赢得了体操全能和自由体操的第二、五名。70年代后半期，我国首次举行全国拳击比赛，他平生第一次被任命为总裁判长。

就在这次比赛的发奖仪式上，人们要求他同东北的一位拳击教练卜恩富做摔跤表演。卜恩富是旧中国的全国摔跤冠军，拳击和摔跤两项，与蒋浩泉势相匹敌。此时，蒋浩泉虽年近40，但功夫不减当年。第一跤蒋输了，第二跤扳了回来，第三跤决定胜负，争夺可就更激烈了。卜恩富一个劲的强攻，置蒋浩泉于被动挨打地位。在卜恩富的眼里，胜利已经到手。可是哪知蒋浩泉使出"绝招"，再次将卜摔在地上，这精彩的表演，倾动四座，赢得了满堂喝彩。

80年代蒋教授经常担任大中型体育比赛的裁判工作，被授予游泳和跳水两个项目的国家级裁判员称号。他和张登奎等，联合著有《拳击》一书。1979年，还完成教育部交予他约4万字、160个图解的体育教学大纲武术教材部分的编写任务。

世纪拳王阿里

穆罕默德·阿里出生在肯塔基州路易斯维尔黑人区一个贫苦家庭里，在12岁那年，一个偶然机会使他走上拳击台，从此一发即不可收，踏上了拳王之路。他十七八岁时就获芝加哥金手套冠军，罗马奥运会轻量级冠军。

1950—1975年是阿里职业拳赛的鼎盛时期。他出战51场，胜48场，其中把对方击倒获胜的有35场，而他仅以点数输了两场，这期间他3次获得世界重量级拳赛冠军。几乎是打遍天下无敌手。美联社评他为本世纪最伟大的拳王。1999年港报评出世纪十大体坛巨人，阿里是其中之一。

1975年，阿里功成名就，宣布退役。退休后的阿里积极投入娱乐事业，尤其热衷拍电影。他的处女作《最伟大的人》这是一部写他自己的传记片。他当时曾预言"我阿里很有可能成为好莱坞最伟大影星"。然而，这位拳王的预言实在离了谱，十几年后的今天，人们只知道他拍过两部电影，但不叫座。阿里与妻子维罗尼卡最终分手。

阿里想成为好莱坞影星未能如愿，但他却成为一个名副其实的社会明星。他为推动拳击事业，他的足迹踏遍全球。他还曾率一个少年儿童代表团到世界各地访问，宣传和平、友好、公正，而且他还曾一度当起政客，他受美国总统委托去非洲各地，劝说这些国家不要去参加1980年莫斯科奥运会。他还利用自己挣来的几千万美元开了三家公司，生意也还兴隆。生活也过得不错，按说阿里可以在拳王的大旗下享清福了。但是他不甘寂寞，恪守奥运格言，重在参与，永远奋斗不息。1980年初，国际体坛爆出一条大新闻：拳王阿里再度出山，要创世界奇迹，第四次夺取世界重量级拳王桂冠。

消息传开，舆论大哗。靠举办拳击发财的经纪人、老板以及热衷于寻求刺激的拳迷们一片欢呼。而英国的一位医生却在报刊上发表文章，明确指出阿里患了脑损害病，讲话已经明显含糊不清，而且反应迟钝，不应复出比赛。阿里对这位医生的意见置之不顾，他公开宣称："只有真主才知道我的脑袋……我虽已快40岁，但仍有25岁那样的体力。"

9月2日，阿里、霍尔姆斯之战在拉斯维加斯展开。这场比赛原计划进行15回合，但阿里经过10个回合比赛，抵挡不了霍尔姆斯的凌厉攻势而认输。这是阿里在职业生涯中第一次在比赛中途被击败。但阿里不服输，1981年12月12日他又参加了与加拿大冠军伯比克的比赛，试图挽回声誉，但结果又是大败而归。他懊悔地说：我争拳王头衔次数太多了。阿里虽然只有40多岁，走路和说话的姿态却像是古稀老人，那双昔日有神的眼睛失去了光彩，眼睛肌肉松弛，呈现伤痕。据说他的内脏和脑已被无情的拳头击伤到无可救药的地步。他每天要吸大量的可卡因来维持生命。1985年阿里来中国访问时，人们发现，除了身高体大外，拳王昔日雄风已荡然无存。两手虽无明显的震颤但他那副无精打采的样子，说明他的确病了……。

现今阿里住在美国洛杉矶一座宫殿般住宅，价值300万美元，与世隔绝，与人隔离，他醉心于宗教。

1986年阿里在一家美容公司向记者宣布，将要建立阿里纪念馆，将展出他的150件奖品，300枚勋章，500册有关他的报道，3根世界冠军金腰带，以及他与许多国家总统、国王和罗马教皇等著名人物合影照片。他还透露，他还搞诗歌创作，他念诵了一段诗歌："真理的面貌熠熠生辉，真理的眼睛烁烁闪光，真理的嘴唇永远不会缄默。"